প্ৰৱেশিকা পৰীক্ষাত কেনেদৰে সফলতা পাব ?

ডাঃ সুনীল বৈদ

ডায়মণ্ড বুকচ

ISBN : 978-81-288-3484-4

প্ৰকাশক : **ডায়মণ্ড পকেট বুকচ প্ৰাঃ লিঃ**
X-30, ওখলা ইণ্ডাষ্ট্ৰিয়েল এৰিয়া (ফেজ-2)
নতুন দিল্লী-110 020
ফোন : 011-41611861, 40712100
ফেক্স : 011-41611866
ই-মেইল : sales@dpb.in
ৱেবচাইট : www.diamondbook.in
সংস্কৰণ : 2011
মুদ্ৰক : আদৰ্শ প্ৰিণ্টাৰ্চ, চাহদৰা, দিল্লী-110 032

Pravesh Parikhat Kenedara Safal Hobo? (Assamese)
by: Dr. Sunil Vaid

চিনাক্তকৰণ

এইখন কিতাপে শ্ৰেষ্ঠতাক কেনেদৰে আগত নিবলৈ সহায় কৰিব?

প্ৰিয় মিত্ৰ,

কি আপুনি জানে নে কিমান অন্তৰ নম্বৰে প্ৰৱেশিকা পৰীক্ষাত সফলতাক অসফলতাত সলনি কৰি দিয়ে। যদি আপুনি ইয়াৰ ৰেৰ্কদ চাই তেন্তে আপুনি আচৰিত হৈ যাব।

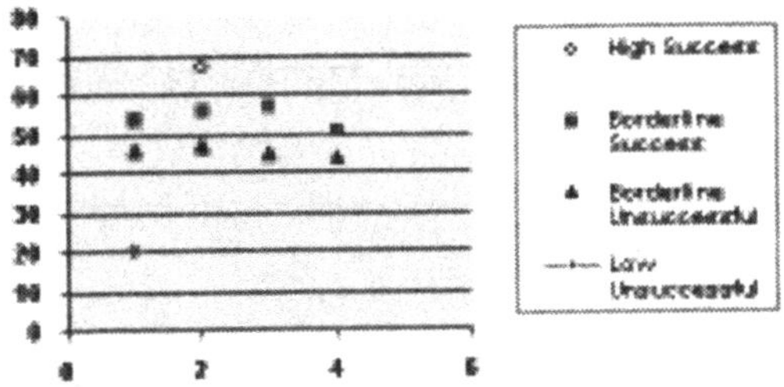

আপুনি চাব পাৰে যে সকলো গম্ভীৰ প্ৰতিযোগীতাত 80%, +/– 10% প্ৰৱেশৰ কাট অঁফ সীমাত আহিছে। মানে যদি সিহঁতে 1 ৰ 9% নম্বৰ আৰু পোৱা হলে সিহঁতেও সফল হ'ল হেতেন। এই কিতাপখনেও এইটোৱে বিচাৰিছে যে আপুনি ইমান চেষ্টা কৰি 5 সে 10% অধিক নম্বৰ পায় আৰু আপুনিও সহজে সফল হৈ যাব পাৰে, কাৰণ সময়ৰ লগে-লগে প্ৰতিযোগীতা আৰু বাঢ়ি যাব।

নিজৰ প্ৰদৰ্শন কেনেদৰে আগত নিব?

সাধাৰণতে কষ্টটো বহুত মহত্বপূৰ্ণ হয় কিন্তু ইয়াত কেৱল কষ্টই কাম নিদিব। ইয়াৰ কাৰণে আপোনাক পঢ়াৰ ক্ষেত্ৰত স্মাৰ্ট উপায় ব্যৱহাৰ কৰিব লাগিব, যিটো মস্তিস্কত লুকাই থকা ক্ষমতাক বাহিৰত আনিব পাৰে। অধ্যয়ন দ্বাৰা গম পোৱা গৈছে যে ছাত্ৰৰ মস্তিস্কৰ *20%* ৰ অধিক উপয়োগ নকৰে। এই স্মাৰ্ট উপায় *(Bar-rising*

Techniques) আপোনাৰ পঢ়াৰ সকলো ক্ষেত্ৰত সহায় কৰিব যেনে কেতিয়া পঢ়িব লাগে, কত পঢ়িব লাগে, আপোনাৰ মনত স্মৃতি শক্তি কেনেদৰে বঢ়াব, দীঘলীয়া প্ৰশ্ন-উত্তৰবোৰ কেনেদৰে মনত ৰাখিব। আজি প্ৰতিযোগীতাৰ দিনত এই বিজ্ঞানিক উপায়বোৰ ছাত্ৰই ব্যৱহাৰ কৰিব লাগে আৰু যাতে সিহঁতেও শ্ৰেষ্ঠতকৈ শ্ৰেষ্ঠ প্ৰদৰ্শন কৰিব পাৰে।

কৃপা কৰি ধ্যান দিয়কঃ আপোনাক এই সকলোবোৰ উপায় পঢ়া ক্ষেত্ৰত ব্যৱহাৰ কৰিবলৈ কোনো প্ৰয়োজন নাই। কেবল সেই তাত ব্যৱহাৰ কৰক য'ত আপোনাৰ অসুবিধা হয়। আমেৰিকানো কৈছে যে-

"যি বস্তু বেয়া হোৱা নাই, তেন্তে তাক ঠিক কিয় কৰিব লাগে?''

কৃপা কৰি ধ্যান দিয়কঃ কিছুমান কথা বা কিছুমান বিচাৰ কোনো ক্ষেত্ৰত বাৰে-বাৰে হৈছে। এই অধ্যায়ক জানিবলৈ আৰু ইয়াৰ মহত্ব বুজাবলৈ এনেকুৱা কৰা হৈছে।

এই কিতাপখনৰ উদ্দেশ্য

সফলতা বা প্ৰদৰ্শনৰ বিষয়ে কথা পতাৰ পিছত মই এই কথাটোৰ ওপৰত কব বিচাৰিম যে জীৱন কোনো চিধা ৰেখা নহয়।

জীৱনত বহুত সুখ বা দুখ আহে। কেৱল সেইজনে বিজয় হ'ব পাৰে যিজনে সফলতাৰ কাৰণে যি হ'লেও কৰিবলৈ সক্ষম ৰাখে। ভুল বা সচা। তেওঁ ভালৰ লগত বেয়া কথাও শিকে (যদি তাৰ পৰা সফলতা প্ৰাপ্ত হয়), তেওঁলোকে সচা কা ক'বলৈ শিকে কিন্তু যদি সফলতা পাবলৈ আছে তেন্তে সিহঁতে মিচা কথা ক'বলৈ ভয় নাখায়। দাদা আমি কোনো বান্দৰ নহয়, হয় নে? ❑

এই কিতাপখনত প্ৰয়োগ সংকেট
আইডিয়া-অদ্ভুত বিচাৰ

আইডিয়া

মহত্বপূৰ্ণ- ইয়াক এতিয়াই নোট কৰক

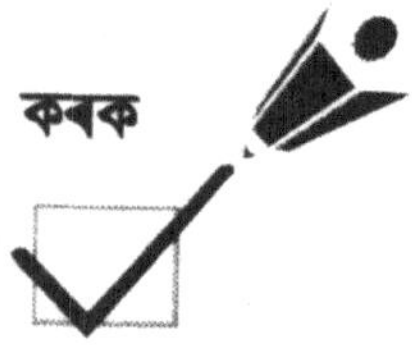

মনত ৰাখক

সফলতা- সফলতাৰ চাবী

সময় গৈ আছে - কাম এতিয়া কৰক

চাওক-মহত্বপূৰ্ণ

তথ্যঃ-ধ্যান দি পঢ়ক

সাৱধান-এই ৰাস্তাৰ পৰা বাচক

অনুক্ৰমণিকা

ভাগ-1-প্ৰৱেশিকা পৰীক্ষা

ভাগ-2-সফলতাৰ সাধন

ভাগ-3-সফলতাৰ বাধা

পৰীক্ষা কি হয়, ইয়াৰ পৰা কেনেদৰে মুক্তি পাব

মই বহুত ব্যক্তিক এটা প্ৰশ্ন সুধিলো- " আপোনাৰ কাৰণে পৰীক্ষাৰ অৰ্থ কি হয়?" ইয়াৰ বহুত উত্তৰ পালো। বেছিভাগৰ উত্তৰ আছিল যে পৰীক্ষা কেৱল আমাক ভয় খোৱাবলৈ কিন্তু এই পৰীক্ষা সকলোৰ বাবে ভয়ানক হয়।

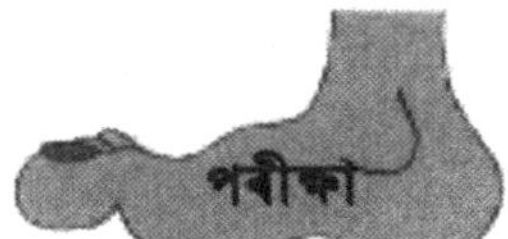

সমস্যা এইটো হয় যে এইটোৱে বিচাৰধাৰা পৰীক্ষাত অসুবিধাত পেলাই দিয়ে। আৰু চিন্তাৰ বহুত ভাল সম্বন্ধ আছে। এইটোৱে পৰীক্ষা সফলতাৰ সকলোতকৈ ডাঙৰ বাধা বনি যায়। স্পষ্ট হয় যে এইটো ভাৰ পৰীক্ষাত সফলতা পাবলৈ ক্ষমতা কম কৰি দিয়ে। মই মানো যে যি ছাত্ৰই পৰীক্ষাক নিজৰ কামৰ দৰে জীৱনত এটা ভাগ বুলি মানি লয়, যেনে কোনো কাৰ্য বা অধ্যয়ন- সিহঁতে পৰীক্ষাৰ ভয় নকৰি বহুত ভালদৰে পৰীক্ষা দিয়ে আৰু সেই ছাত্ৰই জীৱনত সফল সহজে পায় যায়।

সেই কাৰণে আমি সফলতা প্ৰাপ্তি কাৰণে 'লুকা-ভাকু' খেল আৰম্ভ কৰি দিব লাগে। ইয়াৰ আগতে আমি পৰীক্ষাক ভালদৰে ধ্যান দিব লাগিব। সকলোতকৈ প্ৰথমে আপুনি এইটো ধ্যান দিব লাগিব যে এই প্ৰতিযোগীতাৰ দিনত আপুনি পৰীক্ষাক উচিত চকুৰে ধ্যান দিব লাগিব যে যিয়ে আপোনাৰ প্ৰদৰ্শন ঠিক কৰে। এইটোত আপুনি সংসাৰত নিজৰ ক্ষমতা দেখিবলৈ পাব

ইয়াক এটা নিগনী কৰি দিয়ক। Routinely Administered Test

এখন এনেকুৱা চিটি, য'ত আপুনি আগত যাব পাৰিব। এই চিটিখন উঠোতে আপুনি এনেকুৱা অনুভৱ কৰিব লাগিব যে

যেনেকৈ ভিডিঅ গ্ৰেম খেলোতে এটা লেভেলৰ পৰা আন এটা লেভেল যাউতে হয়।

কিন্তু প্ৰৱেশ পৰীক্ষা কাৰণে এটা কথা মনত ৰাখিব- যদি আপুনি এই জংঘলৰ *CAT (Common Admission Test)* ঘৰচীয়া কৰিব বিচাৰে তেন্তে তাক *RAT (A routinely administered test)*ৰ টেস্ট দিয়ক।

ভগৱানৰ কাৰণে ইয়াক *Tiger* হ'ব নিদিব, নহ'লে ই আপোনাক খাই দিব।

এইটো কৰি ললে আপুনি টেষ্টৰ প্ৰথম ভাগটো সফল হৈ যাব!

পৰীক্ষাত কোনো সফল হৈছে – সঠিক ব্যৱহাৰ

যেতিয়া মই এজন ছাত্ৰ আছিলো তেতিয়া মই এই প্ৰশ্নটো নিজকে সোধিছিলো আৰু উত্তৰ পালো-"পঢ়াৰ কোনো শৰ্ট কাট নাই, কেৱল চেষ্টা কৰা।" এতিয়া সম্পূৰ্ণ পোন্ধ বছৰ শিক্ষা মনোবিজ্ঞানৰ অনুভৱ লোৱাৰ পিছত মোৰ এতিয়া এনে লাগিছে যে মই এতিয়া অলপ বেছি জ্ঞান পালো।

আপুনি ইমানেই পঢ়া বা খবৰৰ মাধ্যমৰ পৰা 10% অতিৰিক্ত নম্বৰ পাব পাৰে।

- অধিক স্মাৰ্ট হৈ অধ্যয়ন কৰা- প্ৰমাণিত বৈজ্ঞানিক উপায়েৰে আৰু,
- ধনাত্মক ব্যৱহাৰ (চেষ্টা) লগত ইয়াৰ সন্মুখীন হওক।

  কি আপোনাৰ লগত এই চেষ্টা আছে? ইয়াৰ এটা আমি সহজ টেষ্ট লওঁ-

প্ৰথম চৰণঃ - এটা পৰীক্ষা দিয়ক - এটা সহজ পৰীক্ষা কিন্তু কৃপা কৰি এনেদৰে কৰক যেনেদৰে মই কম। টেষ্ট আৰম্ভ হৈছে-

- যদি আপোনাৰ প্ৰৱেশিকা পৰীক্ষাত 80% ৰ কৈ বেছি বিশ্বাস আছে যে আপুনি পৰীক্ষাত সফল হৈ যাব তেন্তে-

idea

ভাল বিচাৰ
টেকনিক +
যোগাত্মক
ব্যৱহাৰ = 10%
অধিক নম্বৰ

- লগে-লগে বাঁও হাতখন উঠাওক- এতিয়া!
- বাস্তৱত হাত উঠাওক- এতিয়া!

দ্বিতীয় চৰণ- পৰিণাম লিখক, যেনেকৈ আগত দিয়া আছে!

1. কি আপুনি বাস্তৱত হাত উঠালে? লিখিত ভাষাত 'হয়'।
2. আপুনি হাত নুঠালে কাৰণ আপুনি ৮০% কৈ কম বিশ্বাস আছিল নিজৰ সফলতাৰ কাৰণে লিখক 'নহয়'।
3. হাত উঠোৱা পিছতো ৮০% সফলতাৰ প্ৰতি বিশ্বাসত লিখক 'হয় বা নহয়'।

তিনি নম্বৰ চৰণ-অনুমান

যদি আপোনাৰ উত্তৰ 'হয়' আছিল তেন্তে আপুনি আগৰ পৰাই কষ্ট কৰিছিল

নতুন আইডিয়াৰ পৰা আৰু অধিক লাভ উঠাওঁক।

কিন্তু যদি উত্তৰ 'নহয় আছিল' তেন্তে আপুনি নিজৰ ওপৰত ধ্যান দিব লাগিব। আপুনি নিজক ঠিক কৰিব লাগিব।

বোধহয় আপোনাক লাগিলে যে কিতাপৰ আগত বহি হাত উঠালে মূৰ্খ বুলি কব। আপুনি ভাৱিলে যে এনেকুৱা সৰু লৰাৰ কাম নকৰি আপুনি নিজক জ্ঞানী দেখুৱালে কিন্তু পৰমজ্ঞানী মিত্ৰ। মই আপোনাক কওঁ যে যিলোকে হাত উঠালে সিহঁতে আগত যোৱা 20% বেছি উপায় আছে।

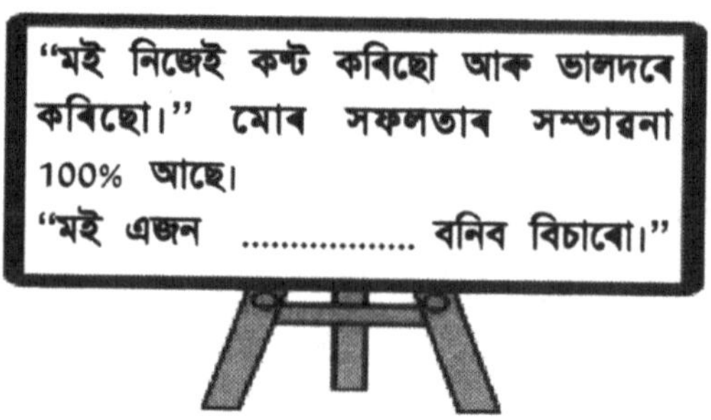

আপুনি বুজি পালে নে, কিয়?

কাৰণ আপোনালোকৰ ভিতৰত যি লোকে সফলতা থকাৰ পিছতো হাত নুঠালে, সিহঁতে সামাজিক ব্যৱহাৰক

সফলতাতকৈ উপৰত মানে।

ইয়াৰ তুলনাত যিলোকে হাত উঠালে সিহঁতে পৰীক্ষা কাৰণে এটা ডাঙৰ ব্যৱহাৰিক অসুবিধা বা অবৰোধৰ পৰা বাচি আছে। ইয়াক কয় 'প্ৰিজম্পটিভ ইনহিভিশন' (বা প্ৰথমৰ পৰাই ধৰি লোৱা হ'ল যে এইটো কৰিব নালাগে)। সিহঁতে কোনো সন্দেহ হলে লগে-লগে প্ৰশ্ন কৰে আৰু প্ৰশ্ন কৰাত কোনো লাজ নকৰে। সিহঁতৰ কাৰণে কোনো খবৰ উপযোগী লাগে তেন্তে সিহঁতে লবলৈ অলপো লাজ নকৰে, কিন্তু আপুনিও হাৰ নামানিব- কাৰণ যদি আপোনাৰ অভ্যাস ভাল হয় তেন্তে আপুনি নিজক ঠিক কৰিব পাৰিব।

কেনেদৰে? ইয়াৰ পিছৰ চাৰি নম্বৰ চৰণক পালন কৰক।

চাৰি নম্বৰ চৰণ - নিজৰ অভ্যাস কেনেদৰে ঠিক কৰিব?

সফলতাৰ লক্ষ্য পাবলৈ এই চৰণটো বহুত মহত্বপূৰ্ণ হয়। কাৰণ যদি সফলতা আপোনাৰ লক্ষ্য হয় তেন্তে আপুনি সমাজৰ আইন নামানি বা কাৰোলৈ লাজ নকৰি নিজৰ প্ৰশ্ন সোধিব লাগিব।

কি আপুনি সহমত হয় নে?

তেতিয়া আপোনাৰ সমস্যাৰ উপায় হ'ব পাৰে- এখন ডাঙৰ বোৰ্ড (2'×1') ওপৰত লিখক- "মই বহুত কষ্ট কৰিছো, ভালদৰে কৰিছো। মোৰ সফলতাৰ সম্ভাৱনা 100% আছে।"

(এই বোৰ্ড খনক নিজৰ পঢ়া ৰুমত ভালদৰে লগাই দিয়ক যাতে আপুনি সেই বোৰ্ড খন সদায় দেখি থাকে।)

আপোনাৰ ব্যৱহাৰ সম্বন্ধীয় সমস্যাৰ সমাধান হৈ গ'ল।

মনোবৈজ্ঞানিকৰ অনুসাৰ এটা তথ্য আছে যে "আপোনাৰ মগজুৰ কাৰণে সকলোতকৈ ডাঙৰ প্ৰেৰণা হয়, কাম কৰা অথবা নিজেই নিজক কোৱা যে এই কামটো মই কৰিব পাৰিম বা মোৰ ক্ষমতা আছে এই কামটো কৰিবলৈ। মিত্ৰ, এই যোগাত্মক বিচাৰ বা ব্যৱহাৰ কাৰণে আপুনি আধা ভাগ কাম কৰি ললে। বাকী কামখিনি আপুনি অধিক স্মাৰ্ট উপায়েৰে কাম কৰি সফল হ'ব পাৰে।

❑

মই কৰিব পাৰো

- যদি আপুনি ভাৱে আপুনি হাৰি যাব
- আপুনি হাৰি যাব
- যদি আপুনি ভাৱে যে আপোনাৰ লগত সাহস নাই
- তেন্তে নাই
- যদি আপুনি জয় হ'বলৈ বিচাৰে, কিন্তু ভাৱে যে আপুনি জয় হ'ব নোৱাৰিম
- তেন্তে নিশ্চিত ৰূপত আপুনি জয় কৰিব নোৱাৰে
- যদি আপুনি ভাৱে যে আপুনি হাৰি যাব
- তেন্তে আপুনি পৰাজয় গৈছে
- কাৰণ সংসাৰত এইটোৱে হয়
- সফলতাৰ আৰম্ভ ইয়াৰ কাৰণে ইচ্ছাশক্তিৰ পৰাই হয়
- এই সকলোবোৰ আপোনাৰ মানসিক স্থিতি ওপৰত নিৰ্ভৰ কৰে
- জীৱন-যুদ্ধত সদায় অধিক শক্তিশালী আৰু বুদ্ধিয়ক ব্যক্তিয়ে সফল নহয়
- শেষত গৈ সেই ব্যক্তিজনেই সফল হয়
- যিজনে ভাৱে যে তেওঁ সফল হ'ব পাৰে

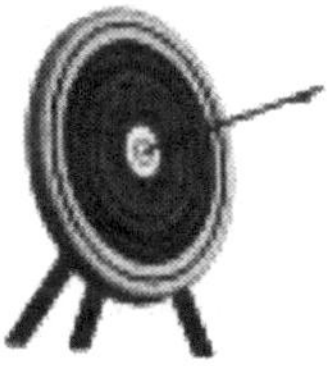

একাডেমিক আৰু প্ৰৱেশিকা (*Entrance*) পৰীক্ষাৰ মাজত অন্তৰ

প্ৰথম চৰণ-বুজিবলৈ চেষ্টা কৰক যে কি বিষয়ৰ ওপৰত পৰীক্ষা ল'ব?

কিতাপ একেই হোৱাৰ পিছতো একাডেমিক পৰীক্ষা (তথা বোৰ্ড বা বিশ্ববিদ্যালয়ৰ পৰীক্ষা) আৰু প্ৰৱেশিকা পৰীক্ষাৰ পাৰ্থক্য হয়। ইহঁতৰ ভূমিকা বহুত বেলেগ হয়। একাডেমিক পৰীক্ষা মূলতঃ আপোনাৰ স্মৃতি শক্তি আৰু অলপ জ্ঞানৰ পৰীক্ষণ কৰা হয়। কিন্তু আজি-কালি এইটো মনা হয় যে স্মৃতি শক্তিয়ে আপোনাক বুদ্ধিয়ক বুলি নকয়। এই কাৰণে প্ৰৱেশিকা পৰীক্ষা পৰীক্ষণ কাৰণে এম.চী.কিয়ু.(*Multiple Choice Question*) পদ্ধতিৰ সহায় লোৱা হয় যাৰ মূল উদ্দেশ্য এইটো হয় যে নিজৰ জ্ঞানক ঠিক দৰে প্ৰয়োগ কৰাৰ ক্ষমতা(কেৱল স্মৃতি শক্তি বা মুখস্থ কৰা শক্তিয়েই নহয়) পৰীক্ষা।

দ্বিতীয় চৰণ—এই পৰীক্ষাক গ্ৰহণ কৰা পদ্ধতি

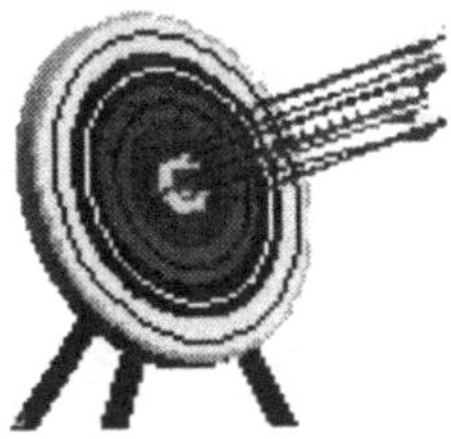

একাডেমিক পৰীক্ষাত আপোনাৰ দ্বাৰা প্ৰাপ্ত কৰা সম্পূৰ্ণ জ্ঞানৰ পৰিদৃশ্য বুজিবলৈ চেষ্টা কৰা হয়। আপুনি নম্বৰ ইয়াৰ

LOOK

একাডেমিক পৰীক্ষা- সম্পূৰ্ণ জ্ঞান দেখাব পৰা পদ্ধতি
প্ৰৱেশিকা পৰীক্ষা- সূক্ষ্ম আৰু ঠিক জ্ঞান চোৱা পদ্ধতি

আধাৰত পায় যে এই পৰিদৃশ্যৰ পৰা আপুনি কিমান মনত ৰাখিব পাৰিলে। কিন্তু প্ৰৱেশিকা পৰীক্ষাৰ কাৰণে পৰীক্ষা হয় আপোনাৰ সূক্ষ্ম আৰু জ্ঞানৰ। ইয়াত আপোনাৰ সেই ক্ষমতাৰ পৰীক্ষা হয় যাৰ দ্বাৰা আপুনি সাগৰৰ পৰা মনি উলিয়াই আনিব পৰা। এই পদ্ধতিৰ বিশ্বাস হয় যে যদি আপুনি শুদ্ধ উত্তৰ দিব পাৰে তেন্তে আপোনাৰ সকলো জ্ঞান আছে আৰু **ইয়াৰ** অনুসৰি আপোনাৰ সম্পূৰ্ণ নম্বৰ দিয়া হয়। যদি উত্তৰটো সম্পূৰ্ণ ভূল হয় তেন্তে শূন্য নম্বৰ দিয়া হ'ব। সাধাৰণতে একাডেমিক পৰীক্ষাত শুদ্ধ উত্তৰ নহ'লেও নম্বৰ দিয়া হয়।

তৃতীয় চৰণঃ—এম.চী.কিয়ু. পৰীক্ষা পিছত নিহিত ধাৰণা

ক. মূল পাৰ্থক্য নিম্নলিখিত আছে

- এম.চী.কিয়ু.ত পাৰ্থক্য আপোনাৰ আগত থাকে
- কেৱল আপুনি চিনি পাব লাগে
- কেৱল স্মৃতি শক্তি দ্বাৰা মনত ৰাখিব নালাগে। সেই কাৰণে এম.চী.কিয়ু.ৰ পেটাৰ্ন আৰু ষ্টাডী পেৰ্টান বেলেগ হয়,

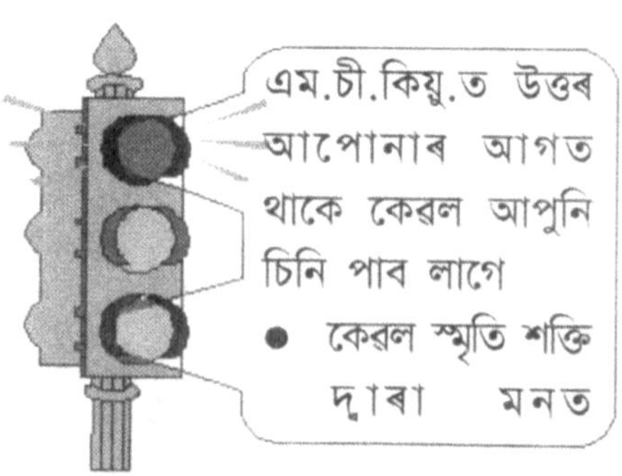

উদাহৰণ কাৰণে এই ছবি খনক চাওঁক- এই খন ছবি এজনী মহিলাৰ হয়। এই ছবি খনৰ পৰা একাডেমিক পৰীক্ষাত কি সোধিব পাৰে? সুধিলে এইটোৱে সোধিব যে ইয়াৰ বৰ্ণনা কৰা বা ইয়াত

দেখোৱা সকলো ফলৰ নাম লিখক।
কি–প্ৰৱেশিকা পৰীক্ষাত প্ৰশ্ন হ'ব "মহিলাৰ হাতৰ প্ৰথম আঙুলিত কি ৰঙৰ নেল পলীচ লগা হৈছে আৰু উত্তৰ হ'ব ৰঙা, হালধীয়া বা অন্য ৰং।"

idea একাডেমিক পৰীক্ষাত প্ৰেক্টিচ লৰ্নিং পৰীক্ষা হয় অৰ্থাৎ স্মৃতি শক্তি লগত জড়িত আৰু প্ৰৱেশিকা পৰীক্ষাত ইনস্টিংক্ট লৰ্নিং পৰীক্ষা হয় যিএটা অভুতপূৰ্ব স্থিতিত জ্ঞানক প্ৰয়োগ কৰাৰ পৰীক্ষা হয়।

কিন্তু এইটো উচিত হয়? কাৰণ মহিলাৰ হাত খন দেখা নাই। হ'ব পাৰে প্ৰৱেশিকা পৰীক্ষা এনেদৰে হয়- সচা এনেকুৱা প্ৰশ্ন সুধে।

খ. দুই প্ৰকাৰ পৰীক্ষাৰ ধাৰণাৰ অন্তৰ

একাডেমিক পৰীক্ষা **'অভ্যাস কৰিবৰ কাৰণে'** পৰীক্ষা হয়। অৰ্থাৎ ইয়াত অলপ-অলপ পাৰ্থক্য লগত উদাহৰণ দিয়া থাকে। আৰু প্ৰৱেশিকা পৰীক্ষাত মূল প্ৰবৃত্তিৰ জ্ঞান বা 'ইঞ্চিওটিকট লৰ্নিং'

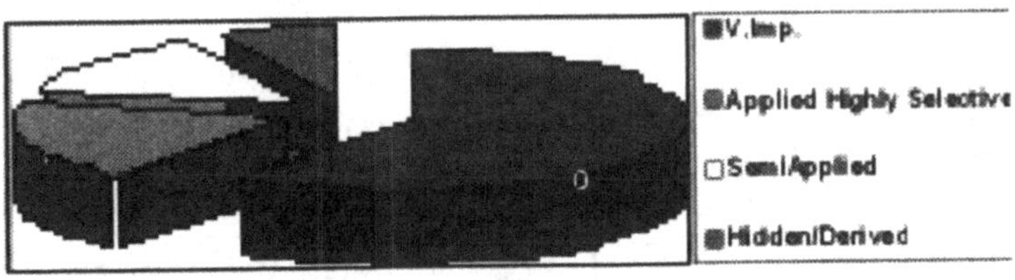

পৰীক্ষা হয়। ইয়াৰ পৰা প্ৰাপ্ত কৰা জ্ঞান ভালদৰে ব্যৱহাৰ কৰিবলৈ ক্ষমতা হ'ব লাগে। ইয়াত এনেকুৱা প্ৰশ্ন কৰিব পাৰে যিটো প্ৰশ্ন ছাত্ৰই কেতিয়াও দেখা বা শুনা নাই। (এনেধৰণৰ প্ৰশ্ন সাধাৰণতে *IIT-ZEE* পৰীক্ষাত হয়)।

চতুৰ্থ চৰণঃ- প্ৰশ্নৰ ব্ৰেক আপ চাওক

এই দুটা পৰীক্ষাৰ পদ্ধতিৰ পাৰ্থক্য বুজিবলৈ একাডেমিক পৰীক্ষাৰ প্ৰশ্নক ধ্যান দি চাব লাগিব।

SUCCESS
অতি প্ৰয়োজনীয় প্ৰশ্ন আৰু এপ্লাইড ভাগৰ সমম্বয় একাডেমিক পৰীক্ষাৰ পৰা নিৰ্ণয়ক ঘাটক *(Deciding Factor)* ভূমিকা পালন কৰে।

(i) একাডেমিকঃ- ইয়াৰ চাৰিটা ভাগ আছে

1. ইয়াৰ সকলোতকৈ মহত্বপূৰ্ণ ভাগটোক ভালদৰে ধ্যান দিয়া হয়। ইয়াত বহুত মহত্বপূৰ্ণ প্ৰশ্ন ব্যৱহাৰ কৰা হয়। আপোনাৰ উপলব্ধ গেচ পেপাৰ চিয়ৰ চৰ্ট ইয়াৰে ভাগ হয়।

2. আনটো ডাঙৰ ভাগ হয়ঃ- দি চেমী এপ্লাইড ভাগ, ইয়াত আপোনাৰ *(Theory)* সৈদ্ধান্তিক জ্ঞানক ব্যৱহাৰ কৰিব লাগে যেনে সহজ নিউমেৰিকেল প্ৰশ্ন হয়। অৰ্থাৎ এইটো চাব লাগে যে কোনটো ফৰ্মোলা ব্যৱহাৰ কৰা হৈছে।

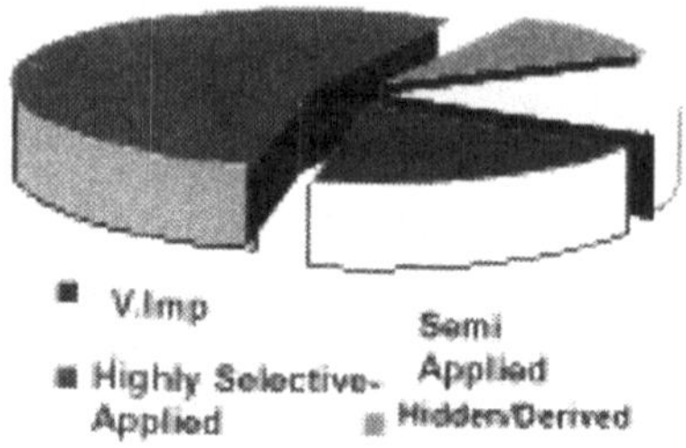

3. তৃতীয় ভাগ হয় 'এপ্লাইড ভাগ' য'ত আপোনৰ নিজৰ জ্ঞান ব্যৱহাৰ কৰিব লাগে।

4. চতুৰ্থ ভাগ হয় লোকাই থকা ভাগ *(Hidden Portion)*। এই ভাগৰ প্ৰশ্ন হ'ব পাৰে আপোনাৰ কিতাপৰ নহবও পাৰে।

SUCCESS

এইটো চয়নিত তথা লুকাই থকা ভাগে প্ৰৱেশিকা পৰীক্ষাত নিৰ্ণয়ক ভূমিকা পালন কৰে। প্ৰশ্ন পত্ৰৰ অন্য ভাগ কেৱল গম্ভীৰ প্ৰতিস্পৰ্ধাক কম গম্ভীৰ প্ৰতিস্পৰ্ধাৰ পৰা বেলেগ কৰাৰ উদ্দেশ্যৰে দিয়া যায়।

(ii) প্ৰৱেশিকা পৰীক্ষাঃ- বেলেগ প্ৰৱেশিকা পৰীক্ষা যদি আমি চাওঁ তেন্তে এইখিনি প্ৰাপ্ত কৰিব পাৰোঃ-

1. আমি চাওঁ যে অধিক মহত্বপূৰ্ণ ভাগ ইয়াত সংক্ষিপ্ত হৈ গ'ল। যি বাকী থাকি গ'ল মেই খিনি মূল ভাগ *(Basic Portion)* হয়।

2. আনটো ভাগ হয় (চেমী এপ্লাইড')। এইটো বহুত সক্ষিপ্ত হৈ গ'ল, যাৰ প্ৰমুখতা বহুত বাঢ়ি গ'ল।

3. অধিক ব্যৱহাৰিক *(Highly Applied)* ভাগ। ইয়াত আপোনাক ধাৰণাত্মক ৰূপক বুজাৰ

ক্ষমতাৰ পৰীক্ষা হয়।

4. অন্তিম ভাগ লুকাই থকা ভাগ *(Hidden)* প্ৰশ্ন যিটো অন্তৰ্গত কিতাপৰ বাহিৰৰ পৰা প্ৰশ্ন আহে।

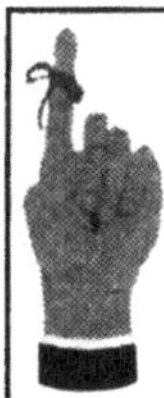

একাডেমিক পৰীক্ষাৰ উদেশ্য হ'ল ছাত্ৰক পৰীক্ষাত সফল কৰা আৰু প্ৰৱেশিকা পৰীক্ষাত এইটো ধ্যান দিয়া

পঞ্চম চৰণঃ- অনুমান

একাডেমিক পৰীক্ষা আৰু প্ৰৱেশ পৰীক্ষাৰ মাজত ইমান অন্তৰ কিয় আছে? এনেকুৱা সেইকাৰণে হয় কাৰণ এই দুটা পৰীক্ষা পদ্ধতিৰ কাম আৰু কেন্দ্ৰ বা একেবাৰে ভিন্ন হয়।

একাডেমিক পৰীক্ষা আপোৰ জ্ঞানক জুখিবৰ বাবে হয়। ইয়াৰ দ্বাৰা আপোনাৰ জ্ঞানৰ পুষ্টতা আৰু মাত্ৰাৰ প্ৰক্ৰিয়া প্ৰকট হয়- অৰ্থাৎ আপুনি কিমান জানে, কি জানে আৰু কিদৰে আপুনি সেইটো জানিব বিচাৰে।

আনটো ফালে প্ৰৱেশ পৰীক্ষা বিলোপনৰ উদ্দেশ্যৰে কৰা পৰীক্ষাৰ প্ৰণালীৰ ভাগ হয়। ইয়াৰ কাম আপোনাৰ দূৰ্বলতাক উজাগৰ কৰা অৰ্থাৎ আপুনি কি নাজানে আৰু কি জ্ঞানক আপুনি প্ৰয়োগ কৰাত অসমৰ্থ হৈছে।

একাডেমিক পৰীক্ষাৰ উদেশ্য হ'ল ছাত্ৰক পৰীক্ষাত সফল কৰা আৰু প্ৰৱেশিকা পৰীক্ষাত এইটো ধ্যান দিয়া হয় যে পৰীক্ষাত অসফল হোৱাটো।

ষষ্ঠ চৰণঃ- নিজৰ নতুন প্ৰাপ্ত জ্ঞানক নিজৰ লাভৰ কাৰণে প্ৰয়োগ কৰা

এইটো বুজিব যে একাডেমিক পৰীক্ষাৰ উদেশ্য হ'ল আপোনাক সফল কৰাবৰ কাৰণে আৰু প্ৰৱেশিকা পৰীক্ষা উদেশ্য হ'ল আপোনাক অসফল কৰা, বহুত মহত্বপূৰ্ণ হয়। সেই কাৰণে এইটো কথা মনত ৰাখিব যে আপুনি কি পৰীক্ষাৰ কাৰণে প্ৰস্তুত কৰিছে।

idea

প্ৰৱেশিকা পৰীক্ষাৰ কাৰণে কল্পনা কৰিব যে আপোনাৰ শত্ৰুৱে আপোনাৰ কাৰণে এনেকুৱা প্ৰশ্ন প্ৰস্তুত কৰিব যিটো সাধাৰণতে উত্তৰ দিব নোৱাৰি।

একাডেমিক পৰীক্ষা কাৰণে এখন সম্পূৰ্ণ কিতাপ পঢ়াৰ পিছত নিজকে সোধিব যে যদি মোৰ মিত্ৰয়ে ইয়াৰ পৰা প্ৰশ্ন সোধে তেন্তে কি প্ৰশ্ন সোধিব? বিশ্বাসে সুধিব আৰু আপুনি গম পায় যাব যে কি প্ৰশ্ন সোধিব পাৰে।

প্ৰৱেশিকা পৰীক্ষা কাৰণে সম্পূৰ্ণ কিতাপ পঢ়াৰ পিছত কল্পনা কৰিব যে আপোনাৰ শত্ৰুৱে ইয়াৰ পৰা কি প্ৰশ্ন সোধিব পাৰে, যাতে সেইটো প্ৰশ্ন যিটো আপুনি এৰি দিলে। আশা কৰো আপুনি এনেদৰে পঢ়িলে পৰীক্ষাত সফল হ'ব। সাধাৰণতে এনেকুৱা প্ৰশ্ন এম.চী.কিয়ু. পৰীক্ষাত সোধে।

তেন্তে এই জ্ঞান ভালদৰে প্ৰয়োগ কৰক তথা কেৱল কষ্ট কৰিলে নহ'ব স্মাৰ্ট উপায়েৰে পঢ়িব লাগিব আৰু আপুনি জীৱনত নিশ্চিত ৰূপত সফল হ'ব।

❑

প্ৰৱেশিকা পৰীক্ষাৰ প্ৰস্তুতিৰ কাৰ্যক্ৰম বা চিডুলিং *(Scheduling)* প্ৰস্তুত কৰা

প্ৰথম চৰণঃ- এই চিডুলিং কেনেদৰে কৰিব লাগে?

আমাৰ অধ্যয়নৰ দ্বাৰা এইটো গম পোৱা গৈছে যে ইয়াৰ শেষৰ সময়ত ভুল হোৱা বেছি সম্ভৱনা থাকে। এই চিডুলিং আপোনাৰ জীৱনৰ সফলতাৰ মাৰ্গ হয় য'ত আপুনি এইটো প্ৰস্তুত কৰে যে আপুনি কেতিয়া কি পঢ়িব। সেই কাৰণে আমি এটা গ্ৰাফ বনোৱাটো প্ৰয়োজন হয়। ইয়াৰ দুটা ভাগ থাকে- মেক্ৰো চিডুলিং (*Macro-Scheduling*) (অৰ্থাৎ ডাঙৰ কাৰ্যক্ৰমৰ প্ৰস্তুতি) আৰু মাইক্ৰো চিডুলিং (*Micro-Scheduling*) (বা সূক্ষ্ম কাৰ্যক্ৰমৰ প্ৰস্তুতি)।

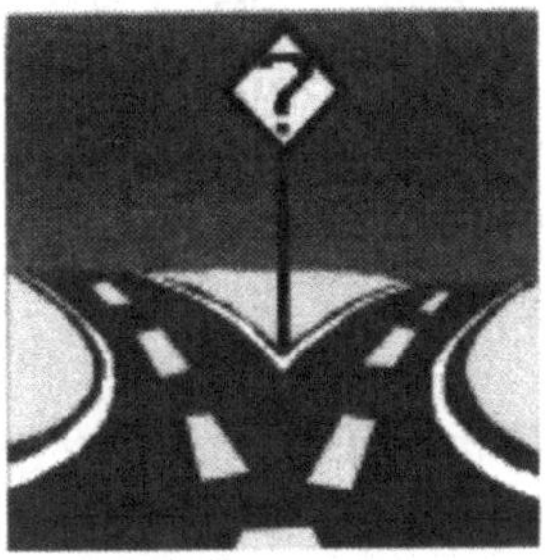

Road Map

এই চিডুলিঙৰ সফলতাৰ কাৰণে এই কথাখিনি ধ্যান দিব লাগিবঃ

দ্বিতীয় চৰণ- ভৰ্তি কাৰ্যক্ৰমৰ প্ৰস্তুতি চিডুলিং প্ৰস্তুতিৰ টিপ্‌চ

(i) ইয়াক সম্পূৰ্ণ ধ্যান দি পঢ়িব। অলপো সময় এনেই যাব নিদিব। (আমি পৰীক্ষা আগৰ কেই দিনমান আগৰ কথা কৈ আছো আৰু ভালদৰে কষ্ট কৰিব। যদি অসম্ভৱ প্ৰশ্ন কাটিবলৈ চেষ্টা কৰে তেন্তে একো লাভ নহয় আৰু আপোনাৰ সময় এনেই যাব।

(ii) বাৰে-বাৰে নিজকে টেস্ট লবলৈ সময় ৰাখিব। যেনে এটা সপ্তাহত আপুনি যিমান অধ্যয়ন কৰিলে তাৰ টেস্ট ল'ব লাগে, সাধাৰণতে এম.চী.কিয়ু টাইপৰ পৰীক্ষাৰ বাবে।

কোনো পৰীক্ষা প্ৰস্তুতি আগত চিডুলিং ভালদৰে কৰিব লাগে আৰু অলপো সময় নষ্ট হ'ব দিব নালাগে।

(iii) মাজে-মাজে আৰামৰ সময় ৰাখিব আৰু বাথৰুম (*Breathing Time)* সময় ৰাখিব। যেনে আপুনি যদি কোনো এটা সপ্তাহত চিডুলিং মতে কাৰ্য সম্পূৰ্ণ কৰিব পৰা নাই তেন্তে সেই সময়ত সেই কাৰ্যখিনি সম্পূৰ্ণ কৰিব লাগে।

(iv) আৰম্ভণিত অলপ কম অধ্যয়ন ৰাখিব কিন্তু শেষত অধিক কষ্ট কৰি অধ্যয়ন কৰিব আৰু এনেকুৱা কৰিলে আপোনাৰ জীৱনত সফল সহজে আহিব।

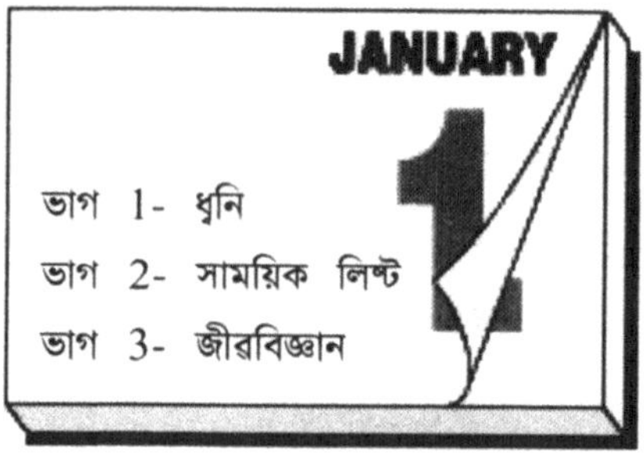

(v) যিটো বিষয় আপুনি ভালদৰে নাজানে সেই বিষয়টোক অধিক সময় দিব লাগে।

(vi) সময়ৰ মতে নিজৰ পঢ়া শেষ কৰাটো বহুত মহত্বপূৰ্ণ হয়। সেই কাৰণে সময় মতে নিজৰ কাৰ্য সম্পূৰ্ণ কৰিব লাগে। সেই কাৰণে এইটো প্ৰথমে প্ৰস্তুত কৰিব লাগে যে আপুনি কি বিষয়ত কিমান সময় দিব আৰু সেইমতে কাৰ্য কৰিব লাগে।

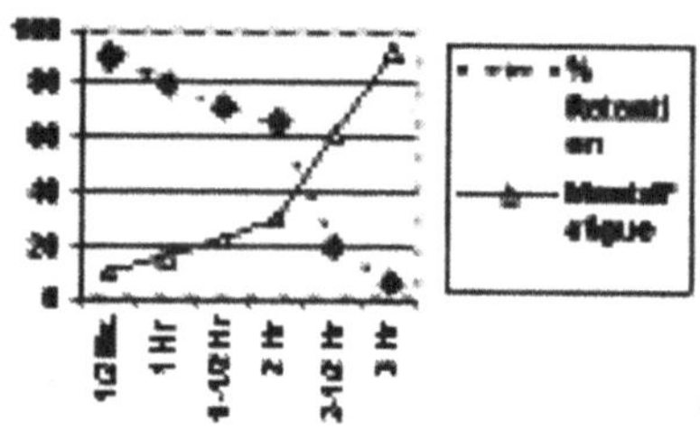

তৃতীয় চৰণ- মেক্ৰো চিডুলিং

(Macro-Scheduling)

মেক্ৰো চিডুলিঙত দিশা দেখাই সম্পূৰ্ণ মাহৰ কাৰণে কাৰ্যক্ৰম স্পষ্ট থাকে।

ক. চেপটাৰ বা অধ্যয়নৰ কাৰণে প্ৰৱেশ পৰীক্ষা তাৰিখলৈকে এখন কেলেন্ডাৰ প্ৰস্তুত কৰিব লাগে।

খ. সম্পূৰ্ণ কৌচ কৰিবৰ কাৰণে এখন ৰুটিন প্ৰস্তুত কৰি ল'ব লাগে।

গ. এইটো প্ৰস্তুতি কৰিব যে কোন দিনা কি বিষয় পঢ়ি সম্পূৰ্ণ কৰিব আৰু কেতিয়া আপুনি সেই পাঠটো এ.চী.কিয়ু. দৰে পৰীক্ষা

ল'ব। যেনে 2 দিচেম্বৰ- 'হীট' পাঠটো এক চতুৰ্থাংশ পঢ়ি শেষ কৰিব আৰু সেই পাঠটো পৰীক্ষা এম.চী.কিয়ু. ৰ দৰে, 3 ডিচেম্বৰত পাঠটোৰ পৰীক্ষা ল'ব। আকৌ 8 দিচেম্বৰত 'হীট আৰু চাউন্ড' পাঠটোৰ এবাৰ পৰীক্ষা ল'ব লাগে।

চতুৰ্থ চৰণ- মাইক্ৰো চিডুলিং *(Micro-Scheduling)*

মাইক্ৰ চিডুলিঙত সদাইৰ কাৰণে লিষ্ট প্ৰস্তুত কৰা হয় যিটোৱে কোনো পৰীক্ষাত প্ৰৱেশ হ'বলৈ বহুত মহত্বপূৰ্ণ হয় আৰু সকলো সময় মহত্বপূৰ্ণ হয়।

মেন্টল ফেৰিং ফেকটৰ (*Mental fatigue factor*) বা মানসিক ভাগৰঃ- ইয়াৰো প্ৰভাৱ এম.চী.কিয়ুত. বহুত পৰে কাৰণ এনেকুৱা পৰীক্ষাত বেলেগ-বেলেগ বিষয়ৰ প্ৰশ্ন একেলগতে দিয়া থাকে আৰু আপুনি নিজক প্ৰত্যেক প্ৰশ্ন পিছতে নিজৰ মগজু লগাব লাগে। যেনে মানি লোৱা প্ৰথম প্ৰশ্ন 'হীট' বিষয়টোৰ পৰা হয়, দ্বিতীয়টো ইলেকিট্ৰচিটিৰ পৰা আৰু তৃতীয়টো মৰ্ডান ফিজিস্ক পৰা। এনেকুৱা পৰীক্ষা কাৰণে একেলেঠাৰিয়ে পঢ়াটো ভাল নহয়, সেই কাৰণে মাজে-মাজে আৰাম কৰি ল'ব লাগে। যদি আপুনি একেলেথাৰিয়ে পঢ়ি থাকে তেন্তে আপোনাৰ মগজুয়ে কাম নকৰা হয়, আৰু আপোনাৰ স্মৃতি শক্তি কম হ'বলৈ ধৰে আৰু শেষত গৈ আপোনাৰ স্মৃতি শক্তি শূণ্য হৈ যায়। সেই কাৰণে আপোনাৰ পঢ়াৰ ৰুটিন 2 ঘন্টা মান হ'ব লাগে আৰু তাৰ মাজতে 10-15 মিনিট মান আৰাম প্ৰাবধান হ'ব লাগে।

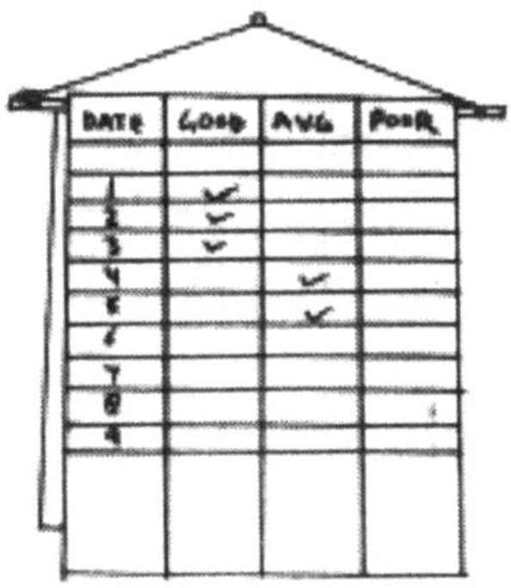

মেন্টল বা মানসিক ভাগৰ বহুত মহত্বপূৰ্ণ হয় সেই কাৰণে কম সময়ত ভালদৰে অধ্যয়ন কৰিব লাগে।

চতুৰ্থ চৰণৰ ভাগ

ক. প্ৰথমে প্ৰস্তুতি কৰিব যে

চিডুলিং মতে যদি কাৰ্য নকৰে তেন্তে নিজকে দণ্ড দিয়ক।

কোনো এদিনত সেই *2* ঘন্টাত কিমান অধ্যয়ন কৰা সম্ভৱ হ'ব পাৰে, নিজৰ ক্ষমতা আৰু প্ৰয়োজনৰ অনুৰূপত। ইয়াৰ অৰ্থ হ'ল যিমান বাৰ আপুনি পঢ়িবলৈ বহে।

খ. আপুনি ৰাতি হোৱাৰ আগতে এইটো প্ৰস্তুত কৰিব যে আপুনি অহা কালি কোনটো বিষয় অধ্যয়ন কৰিব।

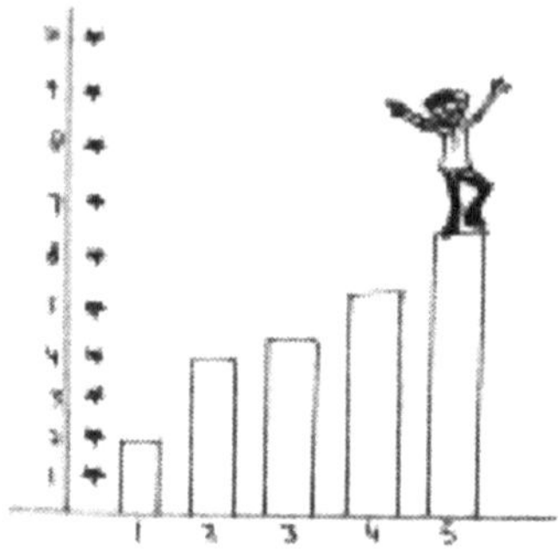

গ.এখন ভাল কেলেন্ডাৰ আনিব আৰু কেলেন্ডাৰ চাই নিজৰ কাৰ্য কৰিব।

সেই কেলেন্ডাৰ মতে ভাল-বেয়াৰ নম্বৰ দিব। যেনে আপুনি কোনো দিন *5* ঘন্টা পঢ়িব আছিল আৰু আপুনি *6* ঘন্টা পঢ়িলে তেতিয়া ভাল বুলি লিখিব আৰু যদি আপুনি *5* ঘন্টাতকৈ কম পঢ়িলে তেন্তে বেয়া বুলি লিখিব। ভাল বেয়া কেনেকৈ হ'ব এইটো কেলেন্ডাৰ ওপৰত প্ৰথমে লিখি ল'ব লাগে।

ঘ. এটা পুৰস্কাৰ আৰু দন্ডৰ ভাগ ৰাখিব। যদি আপুনি তিনিদিন একেলেঠাৰিয়ে ভাল কাৰ্য কৰি আছে তেন্তে নিজকে ভাৱিব যে আপুনি ঠিক ৰাস্তাত আছে। এইটো মনোবৈজ্ঞানিক ৰূপত বহুত মহত্ব হয় কাৰণ প্ৰায় ছাত্ৰই তিনিদিন পিছত পঢ়াৰ পৰা মন আতৰিব ধৰে অৰ্থাৎ দুই দিন ভাল কাৰ্য কৰা পিছত তিনিদিনত কাৰ্য কৰিবলৈ মন বিচলিত হয়। সেই কাৰণে আপুনি নিজৰ কাৰ্যক ভালদৰে নিজৰ ডাইৰিত লিখি থব লাগে। যদি এবাৰ আপুনি ভালদৰে কাৰ্য কৰিছে তেন্তে নিজকে পুৰস্কৃত কৰিব লাগে। যেনে নিজেই চিনেমা চাব যাব বা পিজা খাব। যদি আপুনি মাহত এনেকুৱা ভাল কাৰ্য *8* বা *9* বাৰ কৰিব পাৰে তেন্তে আপুনি বহুত কষ্ট কৰিছে আৰু নিশ্চিত ৰূপত আপুনি জীৱনত সফল প্ৰাপ্ত কৰাৰ পথত গৈ আছে।

বিকৰ্ষণ ভাগ- নিজক দন্ড দিয়ক
– নিজৰ গালত থাপৰ মাৰক।

কিন্তু ভগৱানে নকৰে যেন যদি দুইবাৰ একেলেথাৰিয়ে শতাংশ বা বেয়া পৰিণাম (অৰ্থাৎ আকৌ বিচলিত হোৱা) তেতিয়া আপুনি বুজি যাব যে আপুনি ভালদৰে কাৰ্য কৰিব পৰা নাই আৰু আপুনি দন্ড কাৰণে প্ৰস্তুত থাকিব। আৰু এই দন্ড আপুনি নিজে প্ৰস্তুত কৰিব আৰু নিজৰ ডাইৰীত লিখি ৰাখিব যেনে সম্পূৰ্ণ সপ্তাহ একো সংগীত নুশুনিব বা টি.ভি. নাচাব আৰু প্ৰয়োজন হ'লে নিজৰ গালত চৰ মাৰি ল'ব লাগে। যদি আপুনি নিজকে দন্ড দিব নোৱাৰে তেন্তে এইটো কথাওল চিন্তা নকৰিব কাৰণ এই কামটো কাৰণে বহুত মানুহ প্ৰস্তুত থাকিব।

চ. আপুনি এখন ৰেকৰ্ড বহি বনাব য'ত আপুনি নিজৰ ভাল কাৰ্য বা বেয়া কাৰ্য গ্ৰাফ বনাব। যদি আপোনাৰ গ্ৰাফ ভালদৰে সম্পন্ন হয় অৰ্থাৎ ভাল কাৰ্যৰ তেন্তে আপুনি চিডুলিংটো ভাল হ'ব।

যদি আপুনি নিজৰ চিডুলিং ভালদৰে কৰিব পাৰে তেন্তে আপুনি প্ৰৱেশিকা পৰীক্ষাত সহজে সফল হ'ব। আৰু এনেকুৱা কৰক আৰু জীৱনত সফল হওঁক।

❑

প্ৰৱেশিকা পৰীক্ষা কাৰণে নোট্চ্ লিখক

মই যেনেদৰে কৈছো যে পৰীক্ষাৰ আগৰ দিনা পঢ়াৰ ক্ষেত্ৰত অলপ অসুবিধা হয়। ইয়াৰ কাৰণ হ'ল আপুনি পৰীক্ষাৰ আগতে কোনো নোট্চ প্ৰস্তুতি কৰা নাই। সেই কাৰণে আপোনাৰ মানসিক চিন্তা হ'বলৈ ধৰে।

সেই কাৰণে আমি এখন নোট্চ মেকিং চিস্টিম *(Note making system)* বিজ্ঞানিক তথ্য ৰূপত প্ৰস্তুতি কৰিবলৈ নিৰ্ণয় ললো। এইখন নোট্চ আপোনাক পৰীক্ষাৰ আগৰ দিনা বহুত সহায় কৰিব।

এম.চী.কিয়ুৰ. পৰীক্ষা প্ৰশ্নৰ উত্তৰটো আপোনাৰ আগতে থাকে আৰু শুদ্ধ উত্তৰটো লিখিব লাগে, মনত ৰাখিব নালাগে।

প্ৰথম চৰণ

যেনে আগতে কোৱা হৈছে যে আপুনি এম.চী.কিয়ুৰ. পৰীক্ষাত আপুনি সম্পূৰ্ণ উত্তৰক মনত ৰাখিব নালাগে কেৱল শুদ্ধ উত্তৰটোক বিচাৰিব লাগে। উত্তৰটো আপোনাৰ চকুৰ আগত থাকে। এম.চী.কিয়ুৰ. পৰীক্ষাত দিয়া সংকল্প উত্তৰক বিচাৰিব লাগে। সেই কাৰণে

এটা বিষয় কাৰণে কিতাপৰ সামগ্ৰীৰ বিবিধতা মেন্টল মেপিংৰ শত্ৰু হয়।

নোটচ্ বনোৱাৰ এই প্ৰক্ৰিয়া এই কাৰণে হ'ব লাগে। য'ৰ পৰা আপুনি এবাৰ চালে সাধাৰণতে আপুনি প্ৰশ্ন উত্তৰ দিব পাৰে।

দ্বিতীয় চৰণ- নিজৰ অধ্যয়নৰ কাৰণে সকলো সামগ্ৰী ৰাখিব। আপোনাক যি-যি সামগ্ৰীৰ প্ৰয়োজন হয়।

মল্টীপলচেটে বা বিস্তাৰিত অধ্যয়নৰ সামগ্ৰী প্ৰয়োগ এনেদৰে হয় যেনেদৰে আপুনি নিজৰ মুৰত টুপী পিন্ধিবলৈ চেষ্টা কৰিছে। সমুহৰ পৰা শুদ্ধ উত্তৰ বাচিবলৈ আপুনি সেই বিষয়টো ভালদৰে জানিব লাগিব। মগজুয়ে শুদ্ধ উত্তৰটো ভালদৰে চাব লাগিব যেনে 'মেন্টল মেপিং' বুলি কয়। এইটো এই কাৰণে হয় যে যদি আপুনি এটা বিষয় বাৰে-বাৰে পঢ়ে বা দেখে তেতিয়া সেই বিষয়টো আমাৰ মগজুত ভালদৰে মনত থাকি যায় আৰু যদি সেই বিষয়টোৰ কোনো প্ৰশ্ন আহে তেন্তে আমি সহজে উত্তৰ দিব পাৰো।

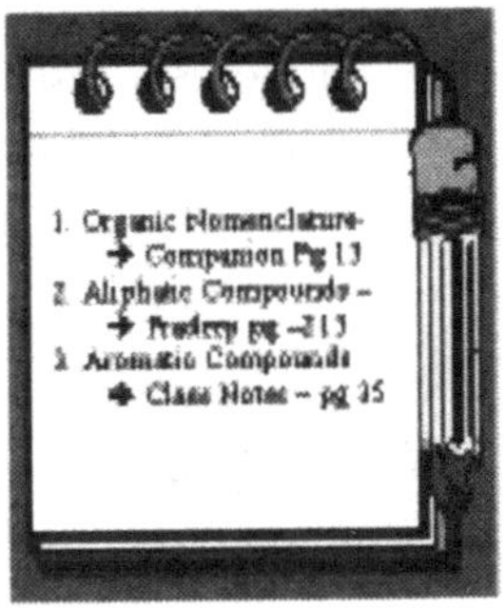

অধ্যয়নৰ দ্বাৰা এইটো গম পোৱা গৈছে যে ছাত্ৰবোৰে প্ৰায় এটা বিষয়কে বিভিন্ন ধৰণে পঢ়ি-পঢ়ি নিজৰ 33% বা বহুত সময় নষ্ট কৰে। প্ৰৱেশ পৰীক্ষাত এই সময় খিনি বহুত মহত্বপূৰ্ণ ভূমিকা পালন কৰিব।

এখন কিতাপৰ সামগ্ৰী- সফলতাৰ কাৰণ

সমাধান-তৃতীয় চৰণ- সম্পূৰ্ণ ব্যৱস্থা কৰিব লগা (সামগ্ৰী)ঃ যেতিয়া সম্পূৰ্ণ কৰ্চৰ সামগ্ৰী এখন কিতাপৰ পৰা পোৱা নাযায় তেতিয়া বেলেগ-বেলেগ বিষয় কাৰণে বেলেগ-বেলেগ কিতাপ পঢ়িব লগা হয়। আপুনি এইটো সিদ্ধান্ত ল'ব পাৰে যে আপুনি এটা বিষয় কাৰণে এখন কিতাপ পঢ়িব। ইয়াত এইটো প্ৰস্তুত কৰিব যে কোনটো বিষয়ৰ বাবে কোনখন কিতাপৰ পৰা পঢ়া হ'ব।

(i) নিজৰ সকলো বহিত বা কিতাপত লেবেল লগাই ৰাখিব। যেনে কেমিষ্ট্ৰী বহিত *CN-1, CN-2* লগাব পাৰে আৰু কিতাপত *CT-1, CT-2* আদি লগাব পাৰে।

(ii) নিজৰ বহিৰ পাঠত নম্বৰ লিখি থব লাগে।

(iii) স্পষ্টকৈ লিখি থব লাগে যে কোনটো বিষয় আপুনি কোনখন কিতাপৰ পৰা পঢ়িব। যেনে কেমিকেল বন্ডিং পাঠ আপুনি *CN-2*, পৃষ্ঠা 23 পৰা 26 লৈকে। এই সকলো লাগতিয়াল বস্তুবোৰক আপুনি ওপৰত লিখি থব লাগে যিটোৱে আপোনাক সহায় কৰিব।

চতুৰ্থ চৰণ- এম.চী.কিয়ু. ব্লাস্ট (*MCQ Blaster*)- এইটো চিস্টেম সাধাৰণতে 'মল্টীপল চাইচ কোৱেচন' কাৰণে শুদ্ধ উত্তৰ বাচিবলৈ সহায়ক হয়। এইটোৱে আপোনাক 'পইন্ট চাইচ' ডাটা প্ৰদান কৰে।

(i) ডাঙৰ আকাৰৰ ($5'' \times 7''$ সমান) আঠা থকা কাগজ ল'ব লাগে।

(ii) সেই পস্ট-ইট পেড্‌চক নিজৰ বহিৰ প্ৰত্যেক পৃষ্ঠাত লগাই লওঁক।

(iii) ৰিবিজনৰ সময়ত প্ৰস্তুত কৰিব যে আপোনাৰ মনত কোনটো বিষয় অধিক মহত্ব হয় চাগে আপুনি সেই বিষয়ক পাহৰি গৈছে। এইটো পইন্টচ্‌ নিজৰ পস্ট-ইট পেড্‌চ লিখি ল'ব।

(iv) নিজৰ ৰিবিজন শেষ কৰা পিছত এই সকলো পস্ট ইট পেড্‌চক সম্পূৰ্ণ কৰক এটা ৰূপ দি দিয়ক। অৰ্থাৎ আপুনি পঢ়া সকলো ডাটা এই ডায়ৰীত উপলব্ধ থাকিব। এই ডায়ৰী খন আপুনি ৰিবিজন পৰীক্ষা আগৰ দিনা কৰিব আৰু এনেকুৱা কৰাটো পৰীক্ষা কাৰণে বহুত প্ৰয়োজন হয়।

পঞ্চম চৰণ

ক্ৰেনিং ব্লাস্টাৰ এটা এনেকুৱা অধ্যায়ন হয় যাৰ ব্যৱহাৰ পৰা আপোনাৰ ফৰ্মূলা আৰু মনত ৰাখিবলৈ অন্তিম দিনৰ প্ৰয়োজন নহয়। যেনে সৰ্ববিদিত হয় যে এমচীআই পৰীক্ষাত ছাত্ৰই মনত ৰাখি পৰীক্ষা দিবলৈ চেষ্টা কৰে। এনেকুৱা কৰিলে মগজুয়ে বহুত দুখ পায়।

ক. নিজৰ হালধীয়া কাৰ্ড(5"×3" সমান) আৰু ইয়াত সুত্ৰ ফৰ্মোলা বা অন্য লাগতিয়াল ডাটা লিখি ল'ব যাক আপুনি মনত ৰখাৰ প্ৰয়োজন হয়।

খ. এটা ডাঙৰ ফল্ডাৰ ল'ব

গ. এতিয়া *8* ৰ পৰা *12* টা হালধীয়া কাৰ্ড এই ফল্ডাৰত লগাই লওক আৰু ইয়াক নিজৰ পঢ়াৰ টেবুলৰ আগত ৰাখিব। অলপ দিনৰ পিছতে আপুনি এই সকলো ফৰ্মোলাবোৰ মনত ৰাখিব পাৰিব।

ঘ. যদি এই ফৰ্মোলাক আৰু সোনকালে মনত ৰাখিব বিচাৰে তেন্তে আপোনাৰ পঢ়া টেবুলৰ আগত বোৰ্ডত ৰঙা কলমেৰে ডাঙৰ-ডাঙৰকৈ লিখি ল'ব লাগে। তেতিয়া আপুনি অতি সোনকালে ফৰ্মোলা মনত ৰাখিব পাৰিব।

ষষ্ঠ নম্বৰ চৰণ

নেমোনিস্ক M_4 (স্মৃতি-জাগৃতি) ৰ কাৰ্ড (এইটো শব্দ 'নেমোমোনিস্ক' গ্ৰীক পৌৰাণিক কথাত স্মৃতিৰ দেবী 'নেমৌচাইন' নামত বনোৱা আছে) কোনো ভৰ্তি কাৰণে কেতিয়াবা আপুনি এনেকুৱা ডাটা মনত ৰাখিবই লাগিব- এটা ক্ৰমবদ্ধ উপায়েৰে- যাক এনেদৰে মনত ৰাখিবলৈ বহুত কষ্ট হয়। ইয়াৰ কাৰণে কোনো ভাল বা অৰ্থ থকা শব্দ লগত জড়িত কৰিব লাগে।

উদাহৰণত, বায়লজীত মানুহৰ আঠটা হাঁড় থাকে স্কেফাইহ, লিউনেট, টাইৰোৱেট্ৰম, জিচীফৰ্ম, ট্ৰেপীজিয়ম, ট্ৰেপজাইড, কেপীটেট আৰু হেমেট। (অসুবিধা হয়, হয় নাই।)

এতিয়া এই হাঁড়ৰ প্ৰথম অক্ষৰ পৰা আমি নিজৰ স্মৃতি জাগৰণ বা নেমোনিক সংগতি প্ৰস্তুত কৰক।

স্নেহ লতা টিন্ডা পকা

Sneh Lata Tinda Paka

তোমাৰ টিন্ডা কেচা হয়

Tere Tinda Cache Hain

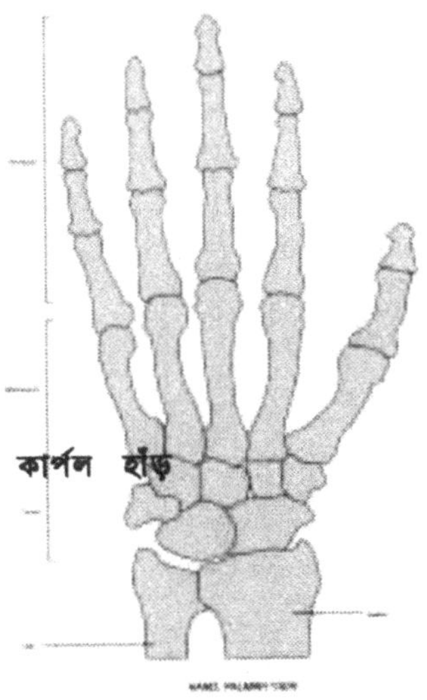

প্ৰত্যেক বিষয় কাৰণে নোটচ, কিতাপ, গাইড নিৰ্বাচন কৰা আৰু সেইটোক (চৰ্চ অৰ্গেনাইজাৰ)ত লিখিব লাগে।

এনেধৰণে এই ভাল বাক্যৰ লগত জড়িত কৰি মনত ৰাখিব লাগে। কিন্তু আমি মেডিকেল কলেজত ইয়াতকৈ ভালদৰে নাম দিছিলো কিন্তু সেইবোৰ ইয়াত কব নোৱাৰি।

এম.চী.কিয়ু. ব্লাস্টাৰ, ক্ৰেমিং ব্লাস্টাৰ আৰু নেমোনিস্ক- এইবোৰ আপোনাৰ মগজুত মনত ৰাখিবলৈ সহায় কৰে য'ত শুদ্ধ উত্তৰ দিব পাৰে।

এই ব্যৱস্থা আপুনি যিমান সোনকালে কৰি ল'ব সিমানেই সোনকালে আপোনাৰ উন্নতি হ'ব তথা পৰীক্ষাৰ সময়ত আপুনি নিশ্চিন্ত মনেৰে থাকিব পাৰিব। এইটো এটা পৰীক্ষা সময়ত ভয় আতৰ কৰোৱাৰ এটা সুনিশ্চিত উপায় হয়।

❑

প্ৰৱেশিকা পৰীক্ষা (Entrance Exam) বাবে টেকনিক

প্ৰথম চৰণ- প্ৰতিস্পৰ্ধাত্মক পৰীক্ষা- কেনেদৰে সফল হ'ব

ইয়াৰ কাৰণে তলত দিয়া কথাখিনি ধ্যান দিব লাগিব

বহুত কণ্ট + বিষয়ৰ স্পষ্টতা + বৈজ্ঞানিক উপায়

মনত ৰাখিব আপুনি আনতকৈ কেৱল 0.1% ভাল হ'ব লাগে।

কাৰণ শুদ্ধ মহত্ব সেই অতিৰিক্ত নম্বৰৰ হয় যিয়ে আপোনাক আগত লৈ যায়। মই ঠিক সংযোজনৰ কথা এই কাৰণে কলো কাৰণ প্ৰয়োজনতকৈ অধিক কণ্ট সিমানেই বাধা দিব পাৰে যিমান কম কণ্টই বাধা দিব পাৰে পৰীক্ষাৰ কাৰণে। আপোনাক এইটো লাগিব যে পঢ়াৰ স্মাৰ্ট উপায় আৰু বিষয়টোক ভালদৰে বুজি পাব লাগিব কাৰণ কেৱল মুখস্ট কৰিলে সম্পূৰ্ণ কাম নহ'ব আৰু বৈজ্ঞানিক উপায় (য'ত এইটো উপায় থাকে যৰ পৰা আপুনি আনতকৈ *1* ৰ পৰা *5%* অধিক নম্বৰ আনিব পাৰিব)।

দ্বিতীয় চৰণ- আমাক এইটো উপায় কিয় লাগে?

বহুলোকে মোক এইটো সোধিছে যে প্ৰতিস্পধাত্মক পৰীক্ষা সফলতাৰ

কাৰণে আমাক এই উপায় প্ৰয়োজন হয়। সাধাৰণতে পৰীক্ষাই আমাৰ জ্ঞানৰ পৰীক্ষা কৰে, হয় ন? এই প্ৰশ্নই কয় যে ব্যক্তিবোৰে উপায়ৰ এই অৰ্থক বেছিভাগ 'যাদু' বুলি ভাৱে।

বাস্তৱত উপায়ৰ অৰ্থ হ'ল কোনো যাদুগৰ বা হাতৰ কাম নহয়। এইটো বিজ্ঞানিক উপায়েৰে অস্পষ্টতাক স্পষ্ট কৰিব পাৰি আৰু টপ কৰা ছাত্ৰই ইয়াতে নিৰ্ভৰ কৰে। এইটো এটা এম.চী.কিয়ু. পৰীক্ষাত সফল হোৱাৰ উপায় হয়। সত্য এইটো হয় যে আমি সকলোৱে যিকোনো হলেও উপায় কৰো পৰীক্ষাত সফল হ'বলৈ। ইয়াত কেৱল মই এইটো চেষ্টা কৰিছো যে আপোনাৰ ৰিকল (*Re-call*) বা মনত ৰখাৰ ক্ষমতা বঢ়াবলৈ (*Recognition*) চেষ্টা কৰিছো।

idea

টেকনিকৰ অৰ্থ হ'ল বৈজ্ঞানিক উপায় যি মগজুত অস্পষ্ট আৰু ছবি উঠোৱাত সহায় কৰে।

প্ৰতিস্পধাত্মক পৰীক্ষাত এই উপায়টো আৰু ভাঙি যায় কাৰণ বেলেগ পৰীক্ষাৰ বিপৰীত

উপায়ঃ- এটা নিচিনা যেনে আই.কিয়ু. জ্ঞান আৰু জাগৃতিৰ *1000* ছাত্ৰৰ এম.চী.কিয়ুৰ সন্দৰ্ভত পৰীক্ষা কৰা হৈছিল।

পৰিণামঃ- দুশ জন ছাত্ৰই এটা সমুহৰ লগত অন্য ছাত্ৰৰ লগত একেলেথাৰিয়ে ভাল নম্বৰ প্ৰাপ্ত কৰিলে।

ইয়াৰ পৰা অলপ চিন্তাত পৰিব লগা হ'ল কাৰণ সকলো ছাত্ৰৰ আই.কিয়ু. জ্ন আৰু জাগৃতি স্তৰ একেই আছিল তথাপিও এটা ভাগে কিয় বেছি ভাল কৰিলে- কি ইয়াত ভাগ্যই কাম দিলে।

ভাগ্যৰ ঘাটকৰ নিবাৰণ কৰাৰ পিছত আমি সিহঁতক চাৰি বাৰ পৰীক্ষা ললো- পৰিণাম কি হ'ল?

পৰিণাম- আচৰিত হয়- সেই দুই জন ছাত্ৰই সফল হয়।

কিয়? সেইটো জানিবৰ কাৰণে আমি পাঁচ নম্বৰ বাৰ পৰীক্ষা ললো- কিন্তু এইবাৰ প্ৰশ্ন উত্তৰ কেৱল এটা শব্দত দিব আছিল- অব্জেকিটিভ ধৰণৰ প্ৰশ্ন সলনি এম.চী.কিয়ু. প্ৰশ্ন দৰে।

এই বাৰ কি পৰিণাম হ'ল?

এই বাৰ একেবাৰে বেলেগ ভাগৰ ছাত্ৰই সফল হ'ল।

অনুমাণ- প্ৰথম গ্ৰুপৰ ছাত্ৰই এম.চী.কিয়ুৰ. পৰীক্ষাত ভাল প্ৰদৰ্শন কৰিলে।

অনুমাণ- কিছুমান ছাত্ৰই এম.চী.কিয়ু. পৰীক্ষা কাৰণে ভাল উপায় পালে। সিহঁতে বেছি কষ্ট নহই সিহঁতে স্মাৰ্ট উপায়েৰে পঢ়িব জানে। সেই কাৰণে আমি সিহঁতৰ উপায়ক সলনি কৰি এম.চী.কিয়ু. নাম দিলো।

আপুনি এই পৰীক্ষাত উত্তৰ লিখিব নালাগে কেৱল শুদ্ধ উত্তৰটো বাচিব লাগে। শুদ্ধ উত্তৰটো আপোনাৰ চকুৰ আগত থাকে। অৰ্থাত এই উপায়ৰ পৰা আপুনি শুদ্ধ উত্তৰটো বাচি এম.চী.কিয়ুৰ. পৰীক্ষাত দিব লাগে।

তৃতীয় চৰণ- উপায়ক বুজিব চেষ্টা কৰক- ইয়াক বুজিবলৈ ডাঃ বৈদ আৰু ডাঃ শ্ৰীনিবাসনৰ দ্বাৰা যি মেট ছাত্ৰৰ ওপৰত এবাৰ অধ্যয়ন কৰা গৈছিল।

চতুৰ্থ চৰণ- উপায়ঃ এই উপায় বহুত সহজ হয় কিন্তু ইয়াৰ সঠিক উপয়োগ অলপ অভ্যাস কৰিব লাগে। ইয়াক সহজ কৰিবৰ কাৰণে আমি ইয়াক পাঁচ ভাগত ভাগ কৰিছো।

প্ৰথম- প্ৰথমে কেৱল প্ৰশ্ন পঢ়িব আৰু লগত দিয়া উত্তৰ নপঢ়িব। এইটো অধিক কঠিন নহয়। কেৱল এইটোৱে কৰিব লাগে প্ৰশ্ন লগত দিয়া উত্তৰক পঢ়িব নালাগে।

হয়, সহজ হয় কিন্তু যেতিয়া আপুনি ভাৱে যে উত্তৰ পঢ়িব নালাগে কিন্তু আপোনাৰ চকুত বাৰে-বাৰে উত্তৰ ফালে যায়। তেতিয়া বহুত কষ্ট হ'বলৈ ধৰে। এইটো মানুহৰ মস্তিষ্কৰ স্বভাৱ হয়।

আপোনাৰ লগতো এইটোৱে হ'ব। যেতিয়া আপুনি প্ৰশ্নৰ উত্তৰ নাচাওঁ বুলি ভাৱিব তেতিয়া আপোনাৰ চকু বাৰে-বাৰে উত্তৰ ফালে যাব। এইটো ৰ পৰা বাচিবলৈ আপুনি উত্তৰত নিজৰ পেঞ্চিল বাকচ ৰাখি দিয়ক যে বিকল্প উত্তৰ একেবাৰে ঢাকি যায়- কেৱল প্ৰশ্ন খুলা থাকক।

দ্বিতীয়- প্ৰশ্নৰ স্থিতি (*Status*) প্ৰস্তুত কৰক

এটা প্ৰশ্নৰ তিনিটা স্থিতি হ'ব পাৰেঃ-

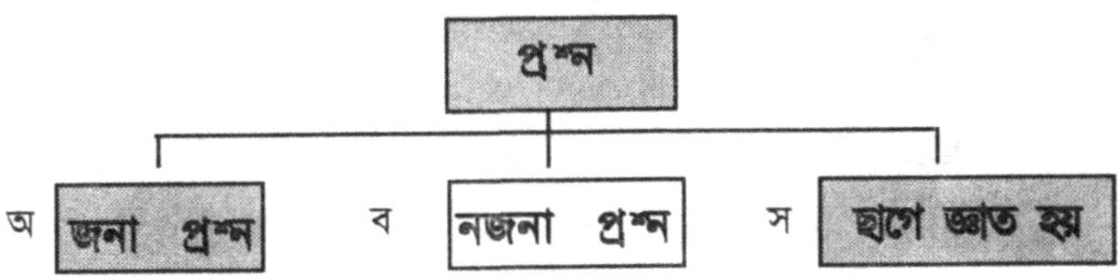

i) জ্ঞাত- (*Known*)প্ৰশ্নৰ উত্তৰ আপুনি আগৰ পৰাই জানে অৰ্থাৎ প্ৰশ্নৰ উত্তৰ নোচোৱাকে। যেনে ভাৰত কেতিয়া স্বাধীন হৈছিল?

ii) অজ্ঞাত প্ৰশ্ন-(*Not Known*) অৰ্থাৎ সেইটো প্ৰশ্ন উত্তৰ আপুনি একেবাৰে নাজানে। যেনে মই আপোনাক সোধো যে য়ুৰেনিয়া ট্ৰেকট ইনফেকচনৰ সকলোতকৈ অধিক কমন বেকটৰিয়া কি হয়? মেডিকেলত পঢ়া ছাত্ৰ বাহিৰে আৰু কোনো ছাত্ৰই ইয়াৰ শদ্ধ উত্তৰ দিব নোৱাৰে। একাডেমিক পৰীক্ষাত প্ৰশ্ন কেৱল দুটা স্থিতি হয়ঃ- যদি আপুনি উত্তৰ জানে বা উত্তৰ নাজানে। তাতঁ কোনো তিনি নম্বৰ বিকল্প নাথাকে।

iii) কিন্তু এম.চী.কিয়ু. পৰীক্ষাত এটা তৃতীয় স্থিতিতি নিশ্চিত ৰূপত থাকে- ছাগে জ্ঞাত হয় (*May be Known*) অৰ্থাৎ এই প্ৰশ্নৰ উত্তৰ আপুনি সম্পূৰ্ণ ৰূপে নাজানে কিন্তু প্ৰশ্নৰ লগত উত্তৰ চাই আপুনি ছাগে শুদ্ধ উত্তৰটো বিচাৰিব পাৰিব পাৰে। এটা বিশিষ্ট প্ৰশ্ন এই শ্ৰেণীৰ হয়ঃ- ক্ৰমাইল ক্লৰাইড টেষ্টৰ ৰসায়নিক সুত্ৰ বা ইকুৱেচন লিখক।

এই সময়ত স্থিতিয়ে এইটো কয় যে আপোনাক অজ্ঞাত প্ৰশ্ন আৰু ছাগে জ্ঞাত প্ৰশ্নৰ পাৰ্থক্য স্পষ্ট কৰিব লাগে। ইয়াক কেনেদৰে কৰা হয়? আপুনি শুদ্ধ উত্তৰ নাজানে। সেই কাৰণে মই আপোনাক প্ৰথমে কৈছিলো যে বিকল্প উত্তৰত ধ্যান নিদিব।

তৃতীয়- একেবাৰে নজনা আৰু কিছুমান জনা প্ৰশ্নক বেলেগ-বেলেগ কৰিবলৈ শিকক।

ইয়াত মেন্টল ইমেজ ফৰমেশন (*Mental Image formation)* বা মনত ৰখা ছবিৰ বহুত মহত্ত থাকে। যেতিয়া আপুনি কোনো প্ৰশ্ন পঢ়ে তেতিয়া আপোনাৰ লগত এখন ছবি আহি যায় যদি আপোনাৰ তাৰ জ্ঞান আছে। এনেকুৱা এনে প্ৰশ্ন লগটো হ'ব পাৰে যিটো আপুনি আগতে পঢ়িছে কিন্তু এতিয়া আপোনাৰ মনত পৰা নাই। এই মেন্টল ইমেজক আমি ঘন্টা বজা বুলি কওঁ।

ইয়াৰ অৰ্থ হ'ল এই প্ৰশ্ন উত্তৰটো আপুনি এটা সময়ত জানিছিল কিন্তু এতিয়া

জ্ঞান নথকা প্ৰশ্ন

ক)

ব)

স)

দ)

1 : 4
25%

আপুনি পাহৰি গ'ল কিন্তু হ'ব পাৰে আপোনাৰ মনত য'ত ইয়াৰ শুদ্ধ উত্তৰটো লিখা আছে সেই বহিখন পাঠটোৰ ছবি আপোনাৰ মনত আহি আছে। যেতিয়া এনেকুৱা হয় তেতিয়া ইয়াক ঘন্টা বজা বুলি কয়। কিন্তু যদি আপুনি প্ৰশ্ন উত্তৰ একেবাৰে নাজানে তেন্তে এনেকুৱা ছবি মনত কেতিয়াও নাহে। কিন্তু এইটো জানি ল'ব যে ঘন্টা বজাটো এটা প্ৰতীকাত্মক প্ৰয়োগ হয়।

চতুৰ্থ- একেলেঠাৰিয়ে সকলো উত্তৰ কেইটা পঢ়িব আৰু ভুল উত্তৰবোৰক মগজুৰ পৰা উলিয়াই দিব লাগে। অৰ্থাৎ আপুনি এইটো প্ৰস্তুত কৰিব লাগে যে উত্তৰ *A* হয় নে *C* হয় নহলে *B* বা *D* হয়।

বোধহয় জ্ঞান থকা প্ৰশ্ন

~~ক)~~

ব)

~~স)~~

দ)

একাডেমিক
2 ঃ 4i.e
50%

এই দুটা কাম অৰ্থাৎ বিকল্প উত্তৰক পঢ়া আৰু ভুল উত্তৰবোৰক উলিয়াই দিয়া একেলগতে হয়। যেনে আপুনি চাব পাৰে ভূল উত্তৰবোৰক আপুনি কেৱল আপুনি জনা প্ৰশ্ন উত্তৰ পৰা উলিয়াব পাৰিব। আহক চাওঁ এই প্ৰক্ৰিয়াটো কেনেধৰণে আমাক সহায় কৰিব।

ইয়াৰ কাৰণে মই আপোনাক এটা প্ৰশ্ন সোধিছো। আপুনি নজনা প্ৰশ্ন

লগত কেনেদৰে ব্যৱহাৰ কৰে (আপুনি এইটো জানে যে কোনো ভুল উত্তৰ কাৰণে নম্বৰ নাকাটে)। ছাগে আপুনি ভগৱানৰ নাম লয় উত্তৰ দিয়ে কিন্তু এনেকুৱা কৰিলে সফলতাৰ কেৱল *4*ৰ পৰা *1* ভাগ থাকে অৰ্থাৎ *25%*। সেইটো যদি ভাগ্যই কাম দিয়ে।

আনফালে জনা প্ৰশ্ন উত্তৰ আপুনি এইটো প্ৰস্তুত কৰিব পাৰে যে *A* আৰু *C* উত্তৰটো হ'বই নোৱাৰে আৰু তেতিয়া আপোনাৰ লগত সফল হোৱা সম্ভৱনা *50%* হৈ যায়।

প্ৰতিস্পৰ্ধাত্মক পৰীক্ষাত *25%* প্ৰশ্নৰ পৰা প্ৰায় নেগেটিভ নম্বৰ থাকে। সেইকাৰণে *25%* উত্তৰ জনা প্ৰশ্নক এৰি দিব লাগে কিন্তু *50%* উত্তৰ জনা প্ৰশ্নক কৰিবলৈ চেষ্টা কৰিব লাগে কাৰণ সেইটো শুদ্ধ হ'বলৈ *25%* সম্ভৱনা বেছি থাকে, লাগিলে নম্বৰ নেগেটিভ হ'লেও।

ভ্ৰামক 'ৰঙা তাৰ' ৰ পৰা সাৱধান- যেতিয়া আপুনি সকলোতকৈ বেছি সম্ভাৱিত উত্তৰৰ অনুমান লগাইছা। বাস্তৱত এইটো আপোনাক ভ্ৰমিণ কৰাৰ জাল হয়।

জ্ঞান নথকা প্ৰশ্ন উত্তৰক গেচ (Guess) কৰা

আপোনালোকে এইটো ভাৱিছে ছাগে পইচা কইন ওপৰত মাৰি প্ৰশ্ন উত্তৰ দিয়াতকৈ ভগৱানৰ নাম লৈ উত্তৰ দিব লাগে। হ'ব পাৰে তেতিয়া আপুনি *25%* নম্বৰ প্ৰাপ্ত

কৰিব পাৰে বা *40%* লৈকে।

মিত্ৰ হ'ব পাৰে মই নিজে আপোনালোকক নিৰাশ কৰিছো! কিন্তু সত্য এইটো হয় যে আপুনি *25%* নম্বৰ পাব নোৱাৰে। যদি পাই তেন্তে *15%* নম্বৰ পাব পাৰে কাৰণ যি সকল পূৰণা পৰীক্ষক হয় সিহঁতে এইটো জানে যে কেনেদৰে সেই ছাত্ৰবোৰক ফচাব পাৰি যিবোৰ ছাত্ৰই শুদ্ধ উত্তৰ নাজানে। ইয়াক 'ৰেড বায়াৰ চিন্দ্ৰোম' (*Red wire syndrome*) নাম দিয়া হৈছে। ইয়াৰ সম্বন্ধ শিশুৰ স্বাভাৱিক প্ৰবৃত্তি হয় যে ইলেক্ট্ৰিক তাৰবোৰক চকৰে। শিশুক তাৰ পৰা বচাবলৈ এডাল 'ডেড' ৰঙা তাৰ লগাই দিয়া হয়। যেতিয়া শিশুয়ে কোনো বিজুলীৰ তাৰ চুবলৈ চেষ্টা কৰে (যেনে আপুনি ধৰে জ্ঞান নথকা প্ৰশ্ন পায়) তেতিয়া শিশুয়ে সেই ৰঙা তাৰ ডালক চুৱে আৰু অন্য তাৰক নুচুৱে। অৰ্থাৎ ভূল তাৰ ডালক চুব যি ডাল তাৰত কাৰেন্ট নাথাকে। সেইধৰণে এনেকুৱা প্ৰশ্ন উত্তৰ একে নিচিনা লাগে কিন্তু সেইটো সদায় উত্তৰ ভূল হয়। শেষত আপুনি সেই প্ৰশ্ন উত্তৰ ভগৱানৰ নাম লৈ কৰিলে আপুনি *25%* নম্বৰ প্ৰাপ্ত কৰিব নোৱাৰে।

তেন্তে এতিয়া আমি *50%* সম্ভাৱনা ছাগে জ্ঞান থকা প্ৰশ্ন লওঁ আৰু চেষ্টা কৰিম যে ইয়াৰ পৰা আপুনি *75%* লৈকে নম্বৰ প্ৰাপ্ত কৰিব পাৰে।

হয়! *75%* শতাংশ! বাহ, বহুত ভাল লাগি গ'ল ন!

পাঁচ নম্বৰ পদক্ষেপ- সেই বিকল্পক টিক মাক কৰিব যিটো আপোনাৰ মগজুত প্ৰথম বাৰ দেখোতে ইংগিত *(Hint)* কৰে।

এইটো ইংগিত বুজা ভাগ হয় যাক 'হিন্ট পৰচেপশন' বুলিও কয়। ইয়াক আপুনি অলপ প্ৰখৰ কৰিব লাগিব তেতিয়াহে ই সম্পূৰ্ণ ৰূপে প্ৰভাৱ পেলাব পাৰিব। ইয়াক কেনেদৰে ঠিক কৰিব এইটো পিছৰ অধ্যায়ত স্পষ্ট ৰূপত দিয়া আছে।

কৃপা কৰি নোট কৰকঃ- ইয়াত মই আপোনালোকক এটা-এটাকৈ ভালদৰে বুজিবলৈ পদক্ষেপৰ মাধ্যমেৰে কৈছে কিন্তু

বাস্তৱত এই সকলোবোৰ একেলগতে হয় আৰু যেতিয়া আপুনি বিকল্প পঢ়ে তেতিয়া আপোনাৰ মগজুয়ে ভালদৰে উত্তৰক চাই আৰু সম্ভাৱিত শুদ্ধ উত্তৰক সেই সময়ত ইংগিত কৰে।

❑

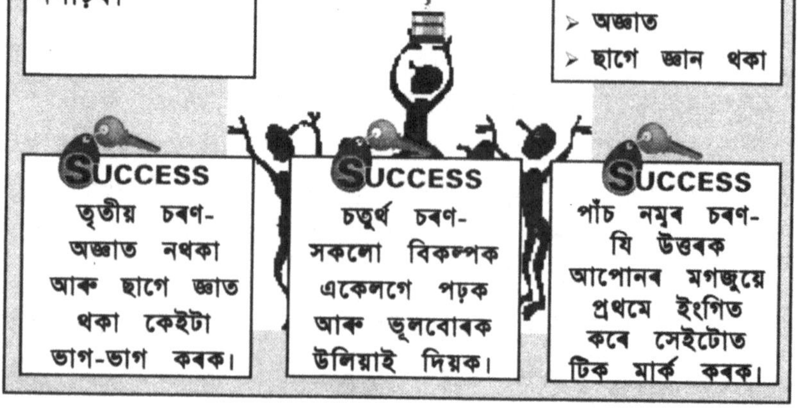

পৰীক্ষাৰ সময়ত ইংগিতক বুজিবলৈ চেষ্টা কৰক

(Hint Perception)

পিছৰ অধ্যায়ত এইটো কোৱা পিছত ছাগে জ্ঞান থকা প্ৰশ্নৰ উত্তৰ দিয়াত ইংগিতক বুজা (*Hint Perception*) ৰ পৰা *25%* লৈকে প্ৰাপ্ত কৰিব পাৰি, আমি এই কথা এই অধ্যায়ন কাৰণে এৰি দিছিলো। এই ইংগিত একাডেমিক পৰীক্ষাৰ কাৰণে বহুত অমূল্য হয় আৰু সৰু উত্তৰত ইয়াৰ বহুত প্ৰভাৰ পৰে।

প্ৰথম চৰণঃ- ইংগিতক বুজক(Hint Perception) ৰ মৰ্ম-বিন্দু- যেতিয়া উত্তৰৰ বিকল্প পঢ়া তেতিয়া সেই উত্তৰক টিক কৰিব যিটোক আপোনাৰ মগজুয়ে প্ৰথমে ইংগিত কৰে। যেনেকৈ আগতে কোৱা হৈছে, এইটো বহুত সহজ কিন্তু বহুত কষ্টৰ পিছত এনেকুৱা হ'ব পাৰি। এই পাঠত আমি ইয়াৰ ওপৰত চৰ্চা কৰিম-অৰ্থাৎ পৰীক্ষাত কেনেদৰে এই ইংগিতক আমি লগে-লগে বুজিম।

ইয়াত মূখ্য কথা হৈছে 'লগে-লগে' এই ইংগিতক বুজিব পৰা। আপুনি সজাগ থাকিব লাগিব আৰু চকুত পৰাৰ লগে-লগে বুজি পাব লাগিব। যদি আপুনি বেলেগ কিবা ভাৱে তেন্তে আপুনি সফল হ'ব নোৱাৰিব। অৰ্থাৎ ছাগে জ্ঞান থকা প্ৰশ্ন উত্তৰত *50%* তকৈ অধিক নম্বৰ প্ৰাপ্ত কৰিব নোৱাৰিব। যদি আপুনি অভ্যাস

কৰে তেন্তে আপুনি লগে-লগে ইংগিতক ধৰিব পৰা ক্ষমতাক বঢ়াব পাৰিব।

নোটঃ- ইয়াত এটা প্ৰক্ৰিয়া ক্ৰমৰ পৰা কোৱা হৈছে কিন্তু বাস্তৱত এই সকলোবোৰ একেলগে হ'ব আৰু কম সময়ত সকলো প্ৰক্ৰিয়া হৈ যাব।

দ্বিতীয় চৰণ- ইংগিত নুবুজাৰ তথ্য পৰা বাচক

কিছুমান এনেকুৱা তথ্য আছে অৰ্থাৎ জেমেলা যিটোৱে আপোনাৰ ইংগিতক বুজিবলৈ অসুবিধাত পেলাব পাৰে। পিছৰ পাঠটোত ইয়াৰ অলপ চৰ্চা কৰা হৈছে। কিন্তু ইয়াক প্ৰৱেশিকা পৰীক্ষাৰ পাৰ্থক্যত সাধাৰণতে আকৌ কোৱা হৈছে যে যদি আপুনি নিজৰ ইংগিতক আগ বঢ়াব বিচাৰে তেন্তে ইয়াৰ পৰা বচা বহুত প্ৰয়োজন হয়।

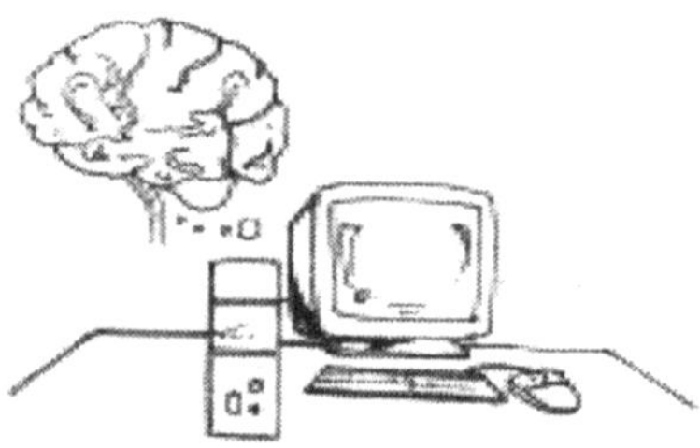

প্ৰথম- মুখস্থ কৰা- এম.চী.কিয়ু. পৰীক্ষাত মুখস্থ কৰা বহুত কম ভূমিকা থাকে কাৰণ আপোনাৰ অল্পকালীন স্মৃতিত অধিক নম্বৰ সুৰক্ষিত হৈ নাথাকে সেই কাৰণে যদি অধিক মুখস্থ কৰিলে প্ৰথমখিনি পাহৰি যাব লগীয়া হয়। অৰ্থাৎ যদি মগজুত অধিক মুখস্থ কৰিলে মগজুয়ে সকলোবোৰ পাহৰি যাব ধৰে। ইয়াৰ কাৰণে নিজৰ মগজুৰ ইংগিত বুজিবলৈ কষ্ট হয়।

দ্বিতীয়- কোনো পাঠ আৰু অধ্যয়ন সামগ্ৰীৰ এটা বিষয় কাৰণে প্ৰয়োগঃ- যেনেকৈ আগতে কোৱা হৈছে যে এটা বিষয়ক বহুত পাঠৰ পৰা বা অন্য কিতাপৰ পঢ়াটো এটা এনেকুৱা কাৰ্য হয় যেনে নিজৰ মুৰত একেলগতে বহুত টুপী পিন্ধা। বেছিভাগ ছাত্ৰই এনেকুৱা এই কাৰণে কৰে যে সিহঁতে ভাৱে এনেকুৱা কৰিলে সিহঁতে ভালদৰে পৰীক্ষাত সফল হ'ব কিন্তু এইটো এটা নিজেই বনাই লোৱা বিশ্বাস হয়।

অধিক কিতাপ পঢ়িলে এটা বিষয় কাৰণে একো লাভ নহয় আৰু নিজৰ মগজুত একো ছবি থাকি

নাযায় 'হিন্ট প্ৰচেপশনো' নহয়।

তৃতীয়- পৰীক্ষাৰ কাৰণে ভয় লগা (*Panic*) : এইটো স্পষ্ট হয় যে ভয় খাই থকা মগজুয়ে স্পষ্ট ইংগিত দিব নোৱাৰে। এইটোৰ পৰা বাচিবলৈ আপুনি পৰীক্ষাৰ আগতে সচা পৰীক্ষা বুলি পৰীক্ষা দি অভ্যাস কৰিব লাগিব আৰু তেতিয়া আপুনি এই ভয় পৰা বাচিব পাৰিব।

তৃতীয় চৰণ- ইংগিত বুজাৰ ক্ষমতা বঢ়োৱা আৰু শুদ্ধ কৰা উপায়ঃ

এই সকলো উপায় মানসিক ছবিক স্পষ্ট কৰিবলৈ সহায় কৰে। অৰ্থাত যি বিষয় আপুনি পঢ়িলে বা পঢ়ি আছে সেই সকলোবোৰ আপোনা মগজুত এখন ছবি হৈ গৈছে আৰু যেতিয়া প্ৰয়োজন তেতিয়া আপোনাৰ আগত সেই ছবি আহে। আমি এই উপায়বোৰক এটা-এটাকৈ চৰ্চা কৰিম।

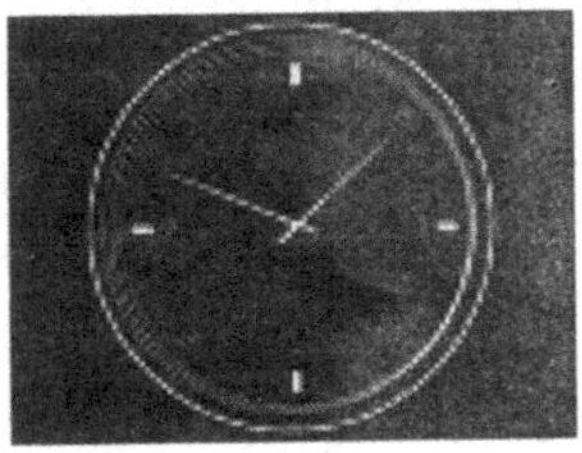

প্ৰথম- সময় অনুসৰি পৰীক্ষা দিয়া অভ্যাস কৰকঃ- যেনেদৰে আপুনি বাস্তৱিক পৰীক্ষা দিয়ে ঠিক তেনেদৰে অভ্যাস কৰিব লাগে। ইয়াত ইংগিত বুজাৰ অভ্যাস হয় আৰু সেই অভ্যাসক আপুনি আৰু শুদ্ধ কৰিব পাৰে। যদি আপুনি এনেদৰে অভ্যাস কৰে তেন্তে আপুনি সফল হ'বলৈ কোনো বাধা দিব নোৱাৰে।

দ্বিতীয়- দুই বা তিনিৰ সমূহত পঢ়ক বা পঢ়াওকঃ আনটো মহত্ব বুজিবলৈ আমি চাওঁ যে যদি এজন ভাল শিক্ষকে আপোনাক পঢ়াইছে তেতিয়া আপুনি কিমান পাঠ মনত ৰাখিব পাৰে? প্ৰথমবাৰত ছাগে *25%* কৈ অধিক নহ'ব।

কিন্তু এইটো পাঠ বা বিষয় আপুনি নিজেই প্ৰস্তুত কৰি মোক পঢ়াই তেতিয়া কিমান আপোনৰ মগজুত মনত থাকিব?

আপুনি আচৰিত হ'ব যে এই বাৰ আপুনি নিজৰ মগজুত বহুত অধিক মনত

ৰাখিব পাৰিব, অৰ্থাৎ ৭৫% বা ইয়াতকৈ অধিক। ইয়াৰ কাৰণ হ'ল যেতিয়া আপোনাক মই পঢ়াম তেতিয়া আপুনি ইমান ধ্যান নিদব কিন্তু যেতিয়া আপুনি মোক পঢ়াব তেতিয়া আপুনি নিজেই বহুত ধ্যান দি পঢ়াব। আৰু আপুনি নিজেই সম্পূৰ্ণ স্পষ্ট কৰিব বিচাৰিব। ভাল পঢ়োৱা তেতিয়া হ'ব যেতিয়া আপুনি সেই বিষয়টো বিষয়ে ভালদৰে জানে।

ইয়াৰ বাহিৰে আপুনি যি পাঠ পঢ়াব আছে তাৰ বিষয়ে বহুত সতৰ্ক হ'ব লাগিব। ধৰি লোৱা আপুনি কেমেস্ট্ৰী বিষয়ত ভাল হয় আৰু গণিতত দুৰ্বল হয়, তেন্তে আপুনি মোক কি পঢ়াব। সাধাৰণতে কেমেস্ট্ৰী বিষয়টো প্ৰতীত হ'ব, ইয়াৰ পৰা আপোনাৰ কেমেস্ট্ৰী বিষয়টো আৰু ভাল হৈ যাব কিন্তু আপুনি পৰীক্ষাত অসফল হৈ যাব কাৰণ গণিতত আপুনি সফল হ'ব নোৱাৰিব। সফল তেতিয়া হ'ব যেতিয়া আপুনি সকলো বিষয়ত সফল হ'ব। সেই কাৰণে আপুনি মোক গণিত বিষয়টো পঢ়াব লাগে তেতিয়া আপুনি গণিতত সফল হৈ যাব আৰু আপুনি পৰীক্ষাত সফলতা লাভ কৰিব। আৰু কষ্ট কৰি মোক গণিত পঢ়াব সেই কাৰণে আপুনি গণিত বিষয়ত ঠিক হৈ যাব।

তৃতীয় - উত্তৰ সকলোৰ আগত নহয়, অকলে উত্তৰ দিয়ক

যেতিয়া শ্ৰেণীত প্ৰশ্ন সোধে তেতিয়া সকলোৰ লগত উত্তৰ দিয়া বাহিৰে আপুনি অকলে উত্তৰ দিব এইটো জনাব যে আপুনি উত্তৰটো ভালদৰে জানে। সকলোৰ লগত উত্তৰ কলে এইটো গম নাপায় যে তুমি উত্তৰটো পুৰা গম পোৱা নে? যেনে মই সোধিছো মূত্ৰাশয় মাৰ্গত কি বেকেটেৰিয়াৰ কাৰণে সক্ৰমণ হয়। উত্তৰ হয়- 'ইচকেৰকিয়া কৌলী'। মানি লোৱা বিশৰ পৰা তিনি জন ছাত্ৰই ইয়াৰ উত্তৰ জানে। যেতিয়াই ইহঁত তিনি জনে উত্তৰ কব তেতিয়া বাকী ছয় জন ছাত্ৰৰ মনত আহি যাব আৰু সকলোৱে উতৰ কব ধৰিব।

আপুনি নিজেই গম নাপাব যে আপুনি উত্তৰটো গম পাইছিল নে নাই। যদি উত্তৰ জনা তিনি জন ছাত্ৰই কেবল হাত উঠোৱা হেতেন বাকী 17 জন ছাত্ৰৰ নিজৰ মগজুত জুৰ দি উত্তৰ মনত পেলালে হেতেন। যদি সেই তিনিজন ছাত্ৰই উত্তৰ দিয়া হেতেন বাকী 17 জন ছাত্ৰৰ সেই উত্তৰ বহুত দিনলৈকে মনত থাকি গ'লহেঁতেন।

চতুৰ্থ- নিজৰ অন্তিম নোট্‌চ বহুত সংক্ষিপ্ত ৰূপত বনাওঁকঃ ইয়াত কোনো কাম নথকা সামগ্ৰী হ'ব নালাগে কেৱল শুদ্ধ শব্দ থাকিব লাগে যিটো মহত্বপূৰ্ণ হয়। সাধাৰণতে প্ৰৱেশিকা পৰীক্ষাৰ

কাৰণে অন্তিম নোট্চ বহুত সংক্ষিপ্ত হ'ব লাগে। সাধাৰণতে মুখ্য শব্দত ধ্যান দিব লাগে যেটো এম.চী.কিয়ু.ত সোধিব পাৰে।

পাঁচ- টেবোল চাৰ্ট (Table Charts)ৰ প্ৰযোগ কৰকঃ সাধাৰণতে সেই ডাটাবোৰক আপুনি যিবোৰ মুখস্থ কৰে।হালধীয়া ৰঙৰ পস্টকাৰ্ড আকাৰৰ কাৰ্ডত ফৰ্মূলা লিখক। ফল্ডাৰত *10-12* কাৰ্ড একেলগে লগাই টেবোলত ৰাখক যাতে অহা-যোৱা কৰোতে সেই ফৰ্মোলা দেখা পায়। কিছুদিন পিছতে সেই ফৰ্মোলা আপোনাৰ মনত ৰৈ যাব।

ষষ্ঠ নম্বৰ- বৈজ্ঞানিক- অনুশাসন -আধাৰিত অধ্যায়ন কাৰ্যক্ৰম হ'ব লাগে- ঃ- অধ্যয়নৰ দ্বাৰা গম পোৱা গৈছে যে এম.চী.কিয়ু. ধৰণৰ পৰীক্ষাল কাৰণে একেলেঠাৰিয়ে বহুত দেৰি লৈকে পঢ়াটো হানিকাৰক হয়। অৰ্থাৎ লাভ নহয় ক্ষয়তি হে হয়। কাৰণ মস্তিষ্কৰ এটা সীমা থাকে ডাটা মনত ৰাখি থবলৈ। ইয়াৰ পিছত মগজু ভাগৰি যায়। এই ভাগৰ এক ঘন্টাৰ পিছত সোনকালে হ'ব ধৰে আৰু দুই ঘন্টা পিছত এইটো ভাগৰ আৰু বাঢ়ি যায় যে আপুনি যি পঢ়ে সকলো লগে-লগে পাহৰি যায়। আৰু এনেকুৱা ভাগৰ লাগিলে আপুনি আগতে পঢ়ি থকা বিষয়কো পাহৰি যাব পাৰে।

সেই কাৰণে পঢ়াৰ সময় *250-60* মিনিটতকৈ অধিক হ'ব নালাগে আৰু মাজে-মাজে আৰাম লৈ একাপ কফী খাব পাৰে। ইয়াৰ পিছত *40* মিনিট পঢ়ক তাৰ পিছত আকৌ অলপ সময় কাৰণে আৰাম কৰক। ইয়াৰ পিছত *30* মিনিট পঢ়ক আৰু তাৰ পিছত আপুনি অলপ বেছি সময় কাৰণে আৰাম কৰক য'ত আপুনি বাইক লৈ কৰবাত যাব পাৰে বা টি.ভি. চাব পাৰে।

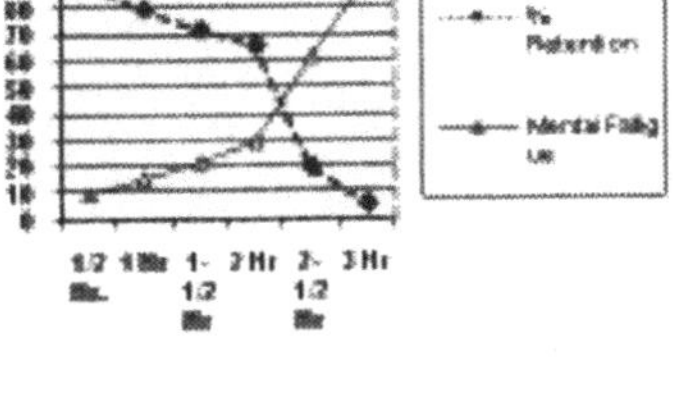

অৰ্থাৎ এবাৰ পঢ়াৰ মাজত তিনিবাৰ আৰাম কৰা হ'ল। যদি দিনত আপুনি এনেকৈ তিনিবাৰ পঢ়িব পাৰে তেন্তে আপুনি জীৱনত সোনকালে সফল হৈ যাব।

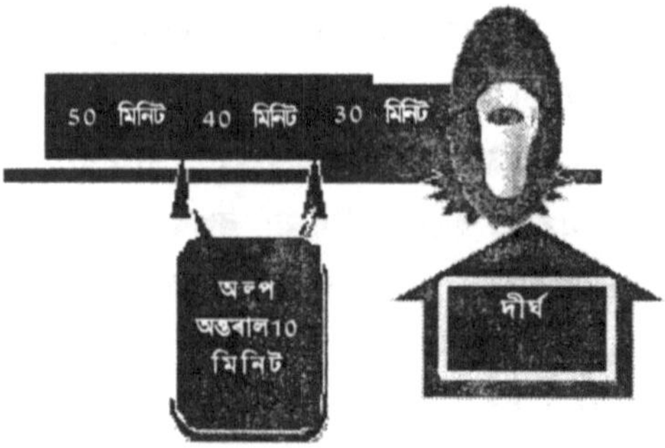

সপ্তম নম্বৰঃ- নিজৰ মগজুক প্ৰেৰণা দিয়ক- এইটো এই অধ্যায়ৰ অন্তিম কিন্তু বহুত মহত্বপূৰ্ণ ভাগ হয় কাৰণ এটা প্ৰেৰণা প্ৰাপ্ত মগজু, যোগাত্মক ব্যৱহাৰ, বাঢ়ি অহা ধ্যান একাগ্ৰ কৰাৰ ক্ষমতা- স্মৃতি শক্তি বঢ়া- আৰু আপুনি আধা ভাগ সফল হৈ গ'ল।

নিজৰ মগজুক প্ৰেৰণা দিয়া সকলোতকৈ ভাল উপায় হ'ল কল্পনা কৰক যে আপুনি যি হ'ব বিচাৰিছিল সেইটো হৈ গ'ল- যদি ডাক্টৰ তেন্তে নিজকে এখন হস্পিতলত ব্যস্থ হৈ থকা চাওঁক, যদি ইঞ্জিনীয়াৰ তেন্তে কোনোবা চাইটত কাৰ্য কৰি থকা চাওঁক। এনেকুৱা কল্পনা ৰাতিপুৱা কৰিব আৰু ৰাতি হোৱা আগতে কৰিব লাগে। মনত ৰাখিব যে মগজুক ইয়াতকৈ অধিক কোনেও প্ৰেৰণা দিব নোৱাৰে যে আপুনি নিজৰ সপোন সম্পূৰ্ণ কৰি ললে।

❑

নিয়ত-দিৱস বা 'ডি-ডে'

আপোনালোকে এই 'ডি-ডে (নিয়ত দিৱস) মূল্য গম পায়- অৰ্থাৎ যিদিনা আপোনালোকৰ প্ৰৱেশিকা পৰীক্ষা হয়। এইটো বুজি ল'ব যে সেই দিনা সামান্য কথা কাৰণে বহুত কিবা-কিবি হ'ব পাৰে। আপুনি যিমান কষ্ট কৰি যি শিকিলে তাৰ পৰীক্ষা অলপ সময় কাৰণে হ'ব। লগে-লগে সময় শেষ হৈ যাব (পৰীক্ষাটো ঘন্টা সময় হ'ব কিন্তু আপোনাক লাগিব যে বহুত কম সময় কাৰণে পৰীক্ষা হৈছে)। এইটো মনত ৰাখিব যে এটা সৰু ভূলে আপোনাৰ গোটেই বছৰৰ কষ্ট অবাবতে যাব পাৰে। মনত ৰাখিব যে আপুনি গোটেই বছৰ কষ্ট কৰিছে কিন্তু এই পৰীক্ষাৰ সময় আপোনাৰ কাৰণে বহুত মহত্বপূৰ্ণ হয়।

শেষৰ *36* ঘন্টাঃ পৰীক্ষাৰ এদিন আগৰ দিনটো বহুত মহত্বপূৰ্ণ হয় কিন্তু আমি তাৰ প্ৰস্তুতি তাৰ এদিন আগতে কৰিব লাগে। অৰ্থাৎ যদি আপোনাৰ পৰীক্ষা ফেব্ৰুৱাৰী *24* আছে তেন্তে তাৰ প্ৰস্তুতি *22* তাৰিখৰ ৰাতিৰ

পৰাই আৰম্ভ কৰিব লাগে। আমি এই *36* ঘন্টা অৰ্থাৎ পৰীক্ষাৰ দুদিন আগত পৰীক্ষা আৰম্ভ হ'ল বুলি ধৰিব লাগে। সেই সময়ত আপোনাৰ শাৰীৰিক আৰু মানসিক যোগ্যতা ঠিক হৈ থাকিব লাগে।

প্ৰথমে এইটো মনত ৰাখিব যে টুপনী ভালদৰে থাকিব লাগে।

সম্পূৰ্ণ সাত ঘন্টা বা তাতকৈ অধিক টোপনি যাব লাগে পৰীক্ষাৰ আগত দিনা বহুত মহত্বপূৰ্ণ হয়। কিন্তু এনেকুৱা টোপনি যোৱাটো পৰীক্ষা আগত দিনা বহুত কষ্টদায়ক কাৰ্য হয়। কাৰণ মনত এটা ডাঙৰ চিন্তা থাকে আৰু এনেকুৱা লাগে যে এইটো বিষয় মই পঢ়া নাই বা সেইটো সম্পূৰ্ণ ৰূপে পঢ়া নাই আদি। সেইবোৰ পঢ়িবলৈ আপুনি শুবলৈ নাযায়। সেই কাৰণে যদি পৰীক্ষা আগৰ দিনা দুভাগ্যপূৰ্বে চাৰিৰ পৰা ছয় ঘন্টা টোপনি আহিলেও বহুত হয়। এই কম টোপনিয়ে আপোনাৰ মানসিক যোগ্যতা আৰু স্মৃতি শক্তি ক্ষমতা দুইৰ পৰা পাচ শতাংশ কম কৰি দিয়ে তেন্তে ইয়াৰ পৰা বাচিবলৈ কি উপায় আছে?

এইটো উপায় আছে যে পৰীক্ষা দুদিন আগতে আপুনি ভালদৰে টোপনী যাব লাগে। এইটো মহত্বপূৰ্ণ নিৰ্ণয় হ'ব। যদি আপুনি একেলেঠাৰিয়ে বহুত দিন ভালদৰে টুপনী নাযায় তেন্তে আপোনাৰ পঢ়াৰ ক্ষমতাৰ ওপৰত বহুত বেয়া প্ৰভাৱ পৰিব আৰু 'ডি-ডে' আপোনাৰ প্ৰদৰ্শনত বেয়া প্ৰভাৱ পৰিব। সেইকাৰণে পৰীক্ষা দুদিন আগত ভালদৰে শুৱ লাগে।

আনটো মহত্বপূৰ্ণ ঘাটক ইয়াত আছে যে আপুনি সদায় মনত ৰাখিব যে এই *36* ঘন্টাত আপুনি তেলত

দিয়া ভোজন কেতিয়াও নকৰিব। মগজুক কেলৰী লাগে কিন্তু সাধাৰণ কাৰ্বহাইড্ৰেটস্‌ৰ পৰা প্ৰাপ্ত কৰি ল'ব। ইয়াত সাধাৰণৰ অৰ্থ হ'ল সহজে হজম হোৱা।

পৰীক্ষা আগৰ দিনা কমেও 9 ঘন্টামান শুৱ।

তৃতীয় মহত্বপূৰ্ণ কথা এইটো হয় যে আপুনি পৰীক্ষা আগৰ দিনা ভোজন আৰু পানী কিমান বাৰ খাব। কাৰণ কাৰ্বহাইড্ৰেটস্ সোনকালে সজম হৈ যায় সেই কাৰণে প্ৰত্যেক দুই ঘন্টাৰ পিছত অলপ-অলপ ভোজন কৰিব লাগে। পৰীক্ষা এদিন আগত তিনিবাৰ ভোজন কৰা ছয়ৰ পৰা সাত ঘন্টা পিছত আকৌ সহজ খাদ্য ভোজন কৰিব লাগে। যেনে ফল-মূল। এনেকুৱা ভোজন কৰি থাকিলে আপোনাৰ শৰীৰে সতেজ শক্তি প্ৰাপ্ত কৰি থাকিব। এইদৰে প্ৰতি দুই বা আঢ়ে ঘন্টাৰ পিছত সতেজ কে'লৰী প্ৰাপ্ত কৰি থাকিব। কিন্তু এইটো কথা মনত ৰাখিব এইখিনি সময় কোনো ডাইটিং বা ওজন কম কৰিবলৈ সময় নহয়। আপুনি বহুত কে'লৰী ল'ব লাগিব।

চতুৰ্থটো কথাটো হ'ল আপুনি অলপ ব্যায়াম কৰিব লাগিব। এইটো কথা আপুনি বহুত আচৰিত কথা যেন পাব কাৰণ পৰীক্ষাৰ ঠিক এদিন আগত ব্যস্ততাৰ ব্যায়ামৰ কথা আপুনি নাভাৰিব। কিন্তু এই ব্যায়ামে আপোনাৰ মনতো সম্পূৰ্ণৰূপে ঠিক কৰি ৰাখিব আৰু আপুনি পৰীক্ষাত সফল হোৱাত সহায় কৰিব। আদৰ্শ ব্যায়ামৰ নিয়ম আছে, জপিওৱা, খট-খটিৰ পৰা উঠা নামা কৰা, দৌৰা অৰ্থাৎ এনেকুৱা ব্যায়াম যিটোৱে আপোনাৰ

সহজে সজম হোৱা কাৰ্বহাইড্ৰেটস্ ভোজন প্ৰত্যেক দুই বা তিনি ঘন্টা পিছত ভোজন কৰিব লাগে। আৰু একেবাৰে বেছি ভোজন কৰিব নালাগে।

শৰীৰৰ তেজ চলাচলত সহায় কৰে। এই ব্যায়ামে আপোনাৰ মগজুৰ চিন্তাক দূৰ কৰিব।

শেষৰ পৰীক্ষা

শেষৰ দুদিন আগত আপুনি এবাৰ ভালদৰে নিজৰ অধ্যয়নক চাব লাগিব। শেষৰ দুদিনত আপুনি সময়ে-সময়ে ভালদৰে অধ্যয়ন কৰিব লাগিব। অৰ্থাৎ সোনকালে-সোনকালে পঢ়িব লাগিব। একেলেঠাৰিয়ে বহুত সময় লৈকে পঢ়ি নাথাকিব নহলে আপোনাৰ মগজু ভাগৰি যাব আৰু এম.চী.কিয়ুৰ. প্ৰয়োজনীয় পাঠ মনত ৰখাত অসুবিধা হ'ব পাৰে। এক ৰ পৰা দুই ঘন্টা পঢ়িব আৰু তাৰ পছিত *15-20* মিনিট আৰাম কৰিব লাগে। সেই আৰাম সময়ত আপুনি সংগীত শুনিব ভাগৰ নলগা খেল খেলিব পাৰে কিন্তু টি.ভি. নাচাব কাৰণ টি.ভি. চালে আপোনাৰ চকুৰে কষ্ট পাব।

পৰীক্ষা আগৰ দিনা আৰু পৰীক্ষা দিনা পাচ মিনিটৰ কাৰণে ব্যায়াম কৰিব লাগে।

অন্তিম দিন- প্ৰথমে আপুনি যোজনা বনাই ল'ব যে পৰীক্ষা দিনা আপুনি কি-কি আৰু কেনেদৰে কৰিব। একো কাম শেষৰ সময় কাৰণে নথব। যদি আপুনি সিহঁতৰ দৰে হয় যিসকলে পৰীক্ষা আগত নপঢ়াকে থাকিব নোৱাৰে তেন্তে সুনিশ্চিত কৰিব যে বেছি নপঢ়ে। সংক্ষিপ্ত নোট্‌চ কাম সহজ কৰি দিব।

অন্তিম বাৰ- শেষৰ দিন একেবাৰে শান্ত হৈ থাকিবলৈ চেষ্টা কৰিব। এইটো চেষ্টা

কৰিব যে কোনো কাৰণত চিন্তাত নপৰে। ইয়াৰ কাৰণে আপুনি নিজৰ সকলো সামগ্ৰী আগৰ পৰাই প্ৰস্তুত কৰি ৰাখিব আৰু যদি কোনো ভাল ড্ৰেচ পিন্ধিব আছে তেন্তে পৰীক্ষা আগৰ ৰাতিয়ে ঠিক কৰি থব। নহলে এই সৰু-

সৰু কথাই আপোনাক পৰীক্ষা দিনা চিন্তাত পেলাব পাৰে। পৰীক্ষা দিন যদি আপোনাৰ এনেকুৱা হয় তেন্তে আপুনি বহুত ভয় খাই যাব আৰু এনেকুৱা সৰু ভুলেই আপোনাৰ সকলো বছৰৰ কষ্ট পানীত পেলাব পাৰে। সেই কাৰণে এনেকুৱা ভূলৰ পৰা সাৱধান হৈ থাকিব।

অন্তিম পৰামৰ্শ- মই আপোনাক শান্ত হৈ থাকিবলৈ কৈছে কিন্তু এইটো পৰীক্ষা প্ৰস্তুতিৰ কাৰণে হয়। কাৰণ যেতিয়া আপুনি পৰীক্ষাত বহি যায় তেতিয়া অলপ স্মাৰ্ট হ'ব লাগে। পৰীক্ষাত আপুনি লাহে-লাহে আৰু আৰমত কাম কৰিম বুলি ভাৱিবও নোৱাৰে। আপুনি এতিয়া এইটো ভাৱিব যে মই অলপ আগত আপোনালোকক শান্ত হৈ থাকিবলৈ কৈছিলো আৰু এতিয়া আকৌ শান্ত হৈ থাকিবলৈ নাই কোৱা। পৰীক্ষাত অলপ স্মাৰ্ট হ'ব লাগে কাৰণ এম.চী.কিয়ু. পৰীক্ষাত আৰম্ভ পৰাই সোনকালে কৰিব লাগে। আপুনি এই পৰীক্ষাক *20-20* ক্ৰিকেট বুলি ভাৱি লওক। পৰীক্ষাত যদি আপুনি কিছু ছেকেন্ড সময় বচাব পাৰে তেন্তে আপোনাৰ নম্বৰত ইয়াৰ ভাল প্ৰভাৱ পৰিব।

এই পৰামৰ্শক বা নিয়মক নিজৰ জীৱনত প্ৰয়োগ কৰক আৰু মোৰ পুৰা বিশ্বাস আছে যে আপুনি পৰীক্ষা পিছত ক'ব যে 'হয়'। মই সফল হ'লো।" ❑

এটা হাঁহি যিটোৱে আপোনাক জয় কৰাব পাৰে

টপ কৰা ছাত্ৰৰ লগত এটা ভাল অস্ত্ৰ থাকে। তাৰ পৰা বেছিভাগ ছাত্ৰই সেইটো লুকোৱাই থয় বা তেওঁলোকে এইটো গম নাপাই যে তেওঁলোকৰ ওচৰত সফলতাবৰ্দ্ধক বন দৰৱ আছে আৰু সেইটো হ'ল-প্ৰসন্নতা! যিটো হাঁহিৰ ৰূপত আগত আহে। এই হাঁহিৰ অৰ্থ হ'ল যে ইহঁতে এই কাৰণে নপঢ়ে কাৰণ সিহঁতৰ মূৰত কোনোবাই বন্দুক লগাই থৈছে। ইহঁতে নিজৰ সুখৰ কাৰণে পঢ়িছে, সেইকাৰণেটো ইহঁতে সকলোতকৈ ভাল প্ৰদৰ্শন দিব পাৰিছে।

প্ৰথম চৰণঃ- আমি শ্ৰেষ্ঠ প্ৰদৰ্শনৰ কাৰণে ইহঁাৰ কি আৱশ্যকতা হয়? অৰ্থাৎ হাঁহিৰে কি কৰে? মই এই বিষয়ে কোৱা আগতে প্ৰিচটন বিশ্ববিদ্যালয়ৰ দুজন মনোবৈজ্ঞানিক 'চিল্বন টামঁকিন বা পাঁল একমেন' ৰ অধ্যয়ন বিষয়ে ক'ব বিচাৰো। মেল্কম গ্লেডবেনে নিজৰ কিতাপ 'ব্লিংক'ত তেওঁলোকৰ বিষয়ে কৈছে। তেওঁ হঁহা বনাম তিয়ৰিয়া

লগোৱাত মাংস-পেশিৰ অধ্যয়ন কৰা আছিল। তেওঁ কয় যে 'চেহেৰা আমাৰ ভিতৰৰ ভাৱনাৰ 'বিল বোৰ্ড নহয়' এই প্ৰক্ৰিয়া বিপৰীত নিয়মেৰেও কাম কৰে। ভাৱনা চেহেৰা পৰাও চাব পাৰি। যদি আপুনি চেহেৰাত কেবল হাঁহি থকা চেহেৰা বনাই তেন্তে ইয়াৰ সেই শাৰীৰিক প্ৰতিক্ৰিয়া হ'ব যি সঠিক হাঁহিৰ হয়। জাৰ্মনীৰ মনোবৈজ্ঞানিকৰ দলেও এই অধ্যয়নক প্ৰমাণ কৰিছে। সিহঁতে দুটা সমূহ বনাইছিল। আধা লোকক ওঁঠত

কলম লৈ থাকিবলৈ কলে অৰ্থাৎ তেওঁলোকে হাঁহিব নোৱাৰে। আৰু আধা লোকক দাঁতেৰে কলমটো হেচা দিবলৈ কলে অৰ্থাৎ সিহঁতে হাঁহি থাকিব পাৰে। দুই ভাগ লোকক কাৰ্টুন চিনেমা দেখোৱা হ'ল। যিটো দলে হাঁহি আছিল সিহঁতে আনটো দলৰ হিচাবত অধিক যোগাত্মক মনোদশাত কাৰ্টুনৰ আনন্দ উঠালে।

এই যোগাত্মকতা কাৰণ এইটো হয় যে হাঁহিলে মস্তিষ্কৰ পৰা এন্ডৰফিনৰ ৰিলিজ কৰি দিয়ে, য'ত দুটা প্ৰভাৱ পৰেঃ

(i) এইটোৱে ভাগৰ আৰু চিন্তাক দূৰ কৰে আৰু এনেদৰে পৰীক্ষাত ভয় কৰাটো আতৰি যায়।

(ii) আনটো কথা এন্ড্ৰৌফিঞ্চে মগজুৰ তেজক চলাচল কৰোতে সহায় কৰে, এনেধৰণে মগজুয়ে বেছি শক্তি প্ৰাপ্ত কৰে। যাৰ কাৰণে মগজুয়ে মনত ৰাখিব পৰা শক্তি বাঢ়ি যায় আৰু যি পঢ়া হয় তাক মনত ৰাখিব পাৰে।

দ্বিতীয় চৰণঃ-কেনেদৰে হাঁহিব- এইটো এটা কিবা ধৰণৰ কথা হয় কাৰণ হাঁহিবলৈ সকলোৱে জানে। এইটো কি ডাঙৰ কথা। কিন্তু যেতিয়া আমি পৰীক্ষা চিন্তাত থাকো তেতিয়া ইঁহাটো বহুত ডাঙৰ কথা হয়। যেতিয়া আমি পৰীক্ষা চিন্তাত থাকো তেতিয়া আমাৰ মুখ খন এনে ধৰণৰ হৈ থাকে

যে ইঁহাৰ কোনো নাম নলই আৰু সেই চিন্তাই আমাৰ পঢ়াৰ ক্ষমতা কম কৰাই আৰু যি পঢ়ো একো মনত ৰাখিব নোৱাৰো। সেই কাৰণে আমি পৰীক্ষা সময়ত হাঁহিব জনাটো শিকাৰ প্ৰয়োজন হয়।

(i) প্ৰথমে এইটো মনত ৰাখিব যে হাঁহিব লাগে। হাঁহিবৰ কাৰণে আপুনি নিজৰ পঢ়া টেবুলত হাঁহি থকা ছবি লগাই দিব।

(ii) আনটো হ'ল আপুনি মনৰ পৰা হাঁহিবলৈ চেষ্টা কৰিব। এনেকুৱা কৰিলে আপুনি পৰীক্ষাত সুন্দৰ চেহেৰা বনাব পাৰিব আৰু পৰীক্ষাত সফল হ'বলৈ সহজ হ'ব। আপুনি কোনো ভাল লগা স্থিতি বা ঘটনাৰ কথা মনত পেলাই হাঁহিবলৈ চেষ্টা কৰিব। সাধাৰণতে কাৰ্টুনৰ ছবিটো বেছি ভাল হ'ব।

নিজৰ টেবুলত কোনো ভাল কাৰ্টুন বা হাঁহিব লগা ছবি থব লাগে আৰু সেই ছবি চাই হাঁহিব চেষ্টা কৰক।

তেন্তে মৰমৰ মিত্ৰ, এই প্ৰস্তুতি ভালদৰে কৰিব আৰু আপুনি শেষত হাঁহিৰ সৈতে পৰীক্ষাত সফলতা প্ৰাপ্ত কৰিব।

❑

সফল হ'বলৈ স্মৃতি শক্তিক তীব্ৰ কৰক

আমি সকলোৱে মানো যে পৰীক্ষাৰ কাৰণে স্মৃতি শক্তি এটা বৰদান হয়। কিন্তু এইটো বুজিব যে ভাল স্মৃতি প্ৰাপ্ত কৰিবলৈ আপোনাক প্ৰয়োজনতকৈ অধিক বুদ্ধিৰ প্ৰয়োজন নহয়। অধ্যয়নৰ দ্বাৰা গম পোৱা গৈছে যে পৰীক্ষাত টপ কৰা ছাত্ৰৰ লগটো কোনো অতি-মানৱীয় স্মৰণ শক্তি নাথাকে। সিহঁতে কেৱল সজাগ আৰু ধাৰণ শক্তি নিজৰ স্মৃতিক দীৰ্ঘকালীন স্মৰণ শক্তিক প্ৰাপ্ত কৰিছিল। একেলেঠাৰিয়ে অভ্যাস কৰি সিহঁতে নিৰীক্ষণ কৰি পঢ়ি মনত ৰাখি লয়। যদি আপুনি অলপ মন দি স্মৰণ কৰে তেন্তে আপুনিও কম সময়ত এই স্মৃতি শক্তি বঢ়াব পাৰিব।

প্ৰথম চৰণ- স্মৃতি শক্তিক বুজিবলৈ চেষ্টা কৰক

স্মৰণ শক্তিৰ অৰ্থ হ'ল মস্তিস্কৰ কোনো তথ্যক ধাৰণা কৰাৰ ক্ষমতা বুলি ক'ব পাৰি। এই কাৰ্যই কেনেদৰে আমাৰ মগজুত কাম কৰে? এইটো জানিবৰ কাৰণে সিহঁতৰ কাৰ্য-প্ৰণালীক চাব লাগিব। মস্তিস্ক দুটা ভাগ বেলেগ-বেলেগ ধৰণে কাম কৰে। সোফালৰ ভাগটো 'নমুনাক চিনিপাবলৈ', ভাৱনা, সৃজনশীলতা বা সংগীত কাম কৰে আৰু বাওফালৰ ভাগে তৰ্ক শক্তি,

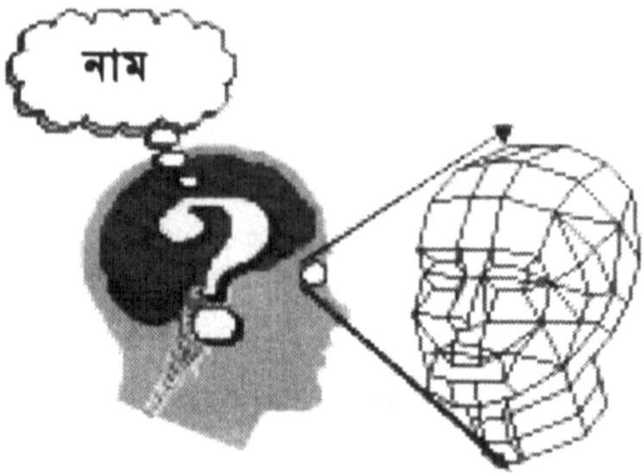

ক্রম পদ্ধতি বা ভাষাত কাম কৰে।

আমাৰ মস্তিস্কই, বাওঁফালৰ ভাগৰ সামগ্ৰীক সোনকালে মনত ৰাখিব পাৰে। আপুনি চিত্ৰ তথা ভাৱনাক, নামৰ তুলনা লগত সহজে মনত ৰাখিব পাৰে। যদি দুই ফালৰ ভাগ কাম কৰে তেন্তে স্মৃতি শক্তি বাঢ়িবলৈ বেছি সময় নালাগে।

এতিয়া নম্বৰ দাতাৰ সংগ্ৰহ প্ৰক্ৰিয়াক জানক। যেতিয়া আমি কোনো নাম বা নম্বৰক বাৰে-বাৰে কও তেতিয়া আমাৰ মগজুত সেই নাম বা নম্বৰ ৰৈ যায়। বাৰে-বাৰে একেই নাম ললে আমাৰ মগজুত সেই নাম মনত হৈ যায়। অৰ্থাৎ আপুনি যিমান বাৰ ক'ব আপোনাৰ মনত সিমান ভালদৰে মনত ৰৈ যাব আৰু সিমান সোনকালে মনত হৈ যাব।

এতিয়া যদি এইজন ব্যক্তি (যাৰ ৰেকৰ্ড আছে) অধিক সুন্দৰ বা দেখিবলৈ (ভয়ানক হয়) বা ইয়াৰ লগত কোনো অন্য বস্তু জড়িত থাকিব যেনে কোনো ভয়ানক কুকুৰ তেন্তে সিহঁতৰ নাম আপুনি সোনকালে মনত ৰাখিব পাৰিব। নম্বৰৰ কোনো চেহেৰা নাথাকে। এনেকুৱা নম্বৰক আকৌ মনত ৰাখিবলৈ সহজ তেতিয়া হ'ব যেতিয়া আমি সেই নম্বৰক চবী লগত তুলনা কৰিম (তলত চাওঁক)।

দ্বিতীয় চৰণ- স্মৃতি শক্তিৰ প্ৰকাৰ

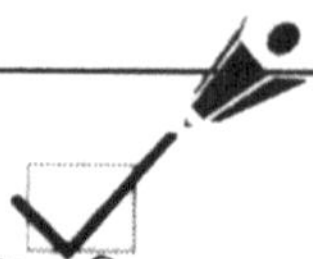

ডাটাক যিমান জোৰ দিব আৰু যিমান সোনকালে এইটো স্তৰ কৰা হ'ব সিমান সোনকালে আপুনি সেই ডাটাক মনত ৰাখিব পাৰিব।

পৰীক্ষাৰ দৃষ্টিকোণত স্মৃতি শক্তি দুই প্ৰকাৰৰ হয়।

ক) লঘু অবধি স্মৃতি শক্তি-

লঘু অবধি স্মৃতিত সেই ডাটা বা ইনপুট আহে যিটো আমাৰ কোনো ইন্দ্ৰিয় দ্বাৰা কম সময় কাৰণে ধাৰিত *(Retained)* হয়

আৰু যদি তাৰ প্ৰয়োগ কৰি নথকা হয় তেন্তে আকৌ পাহৰি যোৱা হয়, যেনে কোনো টেলিফোন নম্বৰ। লঘু অবধি স্মৃতিৰ এটা সীমা আছে যদি ইয়াত আপুনি প্ৰয়োজনকৈ অধিক ডাটা ভৰাব বিচাৰে তেন্তে পূৰণা ডাটাখিনি আপুনি পাহৰি যাব।

খ) দীৰ্ঘ অবধি স্মৃতি শক্তি-

যেতিয়া আপুনি কোনো বিষয়ক ভালদৰে পঢ়ি বুজি লয় তেন্তে সেই বিষয়টো আপোনাৰ মনত বহুত ভালদৰে মনত ৰৈ যায়। মানুহৰ মস্তিস্কৰ হাৰ্ড ডিস্কত দীৰ্ঘ অবধি স্মৃতি শক্তিৰ ৰূপত হৈ যায়। মানুহৰ মস্তিস্কৰ হাৰ্ড ডিস্কত বহুত ডাটা ৰেকৰ্ড কৰিব পাৰি। কিছুমান বৈজ্ঞানিকে মানে যে ইয়াৰ পৰা *10,000* কম্পিউটাৰ নিচিনা স্মৃতি শক্তি হ'ব পাৰে।

আকৌ মনত পেলোৱাঃ- আমাৰ মস্তিষ্কৰ ইমান ক্ষমতা থকাৰ পিছটো পৰীক্ষা সময়ত আমি সঘৰ্ষ কৰিব লগা হয় কাৰণ প্ৰয়োজন পৰিলে আমি সেই ডাটাক মনত পেলাব নোৱাৰো। সাধাৰণতে এনেকুৱা তেতিয়া হয় যেতিয়া আমি সেই ডাটাক বহুত আগতেই মুখস্থ কৰা হয়।

যদি সেই ডাটাৰ লগত কোনো ভাল লগা ঘটনাৰ লগত বা তথ্য লগত জড়িত হয় তেতিয়া সেই ডাটাক মনত পেলাবলৈ সহজ হয়। আপুনি শলে চিনেমাত হেমামালিনীৰ নাম সহজে মনত ৰাখিব পাৰিব। বাসন্তী। আপুনি তাইৰ ঘোঁড়া

মুখস্থ কৰি ৰখা বস্তু বেছি দিনৰ লৈকে মনত নাথাকে যদি ব্যৱহাৰ কৰি থকা নহয়।

নামটো মনত ৰাখিব পাৰিব- ধন্নো। অসুবিধা তেতিয়া আহে যেতিয়া আপুনি মনত কৰা সামগ্ৰীটো ভাল নহয় যেনে শৰীৰৰ সকলো হাড় বা মোগল ৰজাবোৰৰ নাম মনত ৰাখিব লাগে। এইটোক লগে-লগে মনত ৰাখিবলৈ আপুনি দুটা কাম কৰিব পাৰে-

ক) আকৌ মনত পেলোৱা- যিটো আপুনি কয় মনৰ পৰা মুখস্থ কৰা বা মনত ৰখা যাক মনৰ পৰা মনত ৰখা বা মুখস্থ কৰা বুলি কয়। এইটো মনত থাকি যায় কাৰণ ইয়াক বাৰে-বাৰে পঢ়া হয় আৰু বাৰে-বাৰে পঢ়িলে সামগ্ৰী মনত ৰৈ যায়, যেনে সৰু শিশুয়ে মুখস্থ কৰে। আপুনি এনেদৰে ফোন নম্বৰ আৰু ফৰ্মূলা মনত ৰাখে। যদি এই ডাটা আপুনি মাজে-মাজে পঢ়ি নাথাকে তেন্তে আকৌ পাহৰি যাব।

সেইকাৰণে এম.চী.কিয়ু. (অৰ্থাৎ মল্টীপল চাইজ প্ৰশ্ন) পৰীক্ষা কাৰণে ইয়াৰ কেৱল সীমিত প্ৰয়োগ সম্ভৱ হ'ব পাৰে।

কোনো বস্তুৰ লগত তুলনা কৰি মনত ৰখাৰ উপায়

এই উপায়টো কোনো 'কল্পনা' আৰু কাৰোবাৰ লগত তুলনা কৰা ওপৰত আধাৰিত হয়। যিটো ইংলিচত *'imagination'* আৰু *'association'* বুলি কয়। এইটো লগত কোনো ভাল ছবি বা কোনো ঘটনাৰ লগত জড়িত কৰে সেই কাৰণে ইয়াক মনত ৰখাটো সহজ হৈ যায়।

কিন্তু কেনে ধৰণৰ বস্তু তুলনা কৰিলে অতি সহজে মনত ৰাখিব পাৰি? অধ্যয়নৰ দ্বাৰা গম পোৱা গৈছে যে যিমান বিচিত্ৰ বা ভয়ানক ছবিৰ লগত জড়িত কৰা হয় সিমানেই মনত ৰাখিবলৈ সহজ হয়। সাধাৰণতে আমাৰ মগজুয়ে কোনো ভাল ছবি বা কোনো ভয়ানক ছবিক সহজে মনত ৰাখিব পাৰে। যেনে বহুত ভয়ানক বা বহুত সুন্দৰ ছবি। কোনো ছবিৰ তুলনা কৰা এচচিয়েশনৰ উপায় দিয়া হৈছে-

(i) **নেমোনিস্কঃ** ইয়াত মনত ৰাখিবা কাৰণে ডাটাৰ লগত এটা সাৰ্থক অভিব্যক্তি জড়িত কৰা হয়। যেনে জীৱ-বিজ্ঞানত শৰীৰৰ বা কাৰ্পলা হাঁড়ৰ নাম মনত ৰাখিব লাগে। সিহঁতৰ নাম হ'ল স্কেপাইড, ল্যুনেট, ট্ৰাইকেবট্ৰম, পিচীফৰ্ম, ট্ৰপীজিয়াম, ট্ৰেপেজৌইড, কেপীটেট

আৰু হমাটে।

(বহুত অসুবিধা নাম হয়) সেই কাৰণে আমি সিহঁতৰ প্ৰথম আখৰ পৰা এন্এম্ইন্ক ব্কয ব্এগ্ঠ্ কট্রএল্।

স্নেহ লতা টিন্ডা পকা

তোমাৰ টিন্ডা কেচা হয়।

অৰ্থাৎ স্কেপাইডৰ পৰা স্নেহ, লিউনেটৰ পৰা লতা- ইত্যাদি। এনেধৰণে আপুনি নেমৌনিক বাক্য গঠন কৰিব লাগিব।

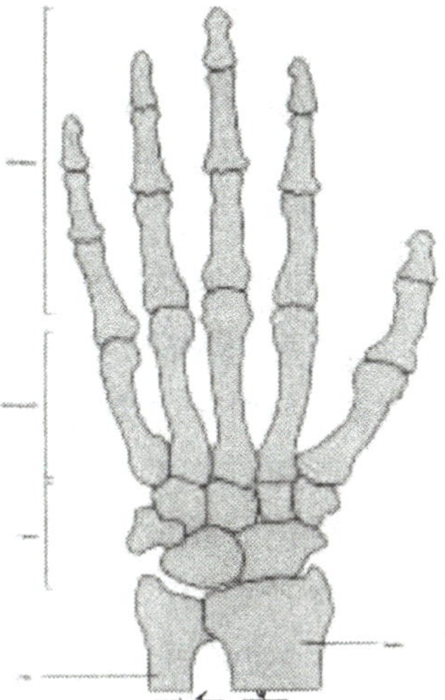

কাৰ্পল হাঁড়

(ii) ৰোমন ৰুমৰ উপায়ঃ এইটো এটা এছ'চিয়েচন হোৱাৰ আন এটা উপায় হয়। সাধাৰণতে শীৰ্ষক হোৱা বা সেই তথ্য যিটো প্ৰশ্নত ৰখা হয়। ইয়াক আমি মানসিক ৰূপেৰে আপোনাৰ ঘৰৰ ৰুমৰ লগত জড়িত কৰি দিয়ো, যাক আপুনি মনত ৰাখিব পাৰে যে কেলচিয়াম গাখীৰ, কনী আৰু মাংসত থাকে। তেন্তে আপুনি কল্পনা কৰক যে আপুনি ঘৰৰ চফা দুৱাৰ পৰা কেলচিয়াম প্ৰৱেশ কৰে আৰু দেখে যে নলৰ পৰা বহি অহা গাখীৰে আপোনাৰ ঘৰ ভৰি গ'ল আৰু আপোনাৰ বেড ৰুমৰ ভিতৰত আপুনি নিজেই আৱৰি গৈছে।

(iii) জ্ঞাতৰ লগত অজ্ঞাতৰ সংগতিঃ- এই উপায়ৰ পৰা আপুনি জানে যে তাৰ সহায় পৰা যিটো স্পষ্ট নাই তাক মুখস্ত কৰে। ধৰি লওঁক ইংৰাজীৰ শব্দ *Believe* ত আপুনি ভালদৰে নাজানে যে মাজত *i e* আছে নে *e i* ইয়াৰ কাৰণে এই ইংৰাজী বাক্যটো মতে ৰাখক *'Never Believe ALie'*. মানে *Lie* ত যি ক্ৰমত এইটো সদাট আহে সেইটো *Believe* ত আহে।

(iv) বেমেলৰ উপায়ঃ- ইয়াত আমি ডাটাক মনত ৰাখিবলৈ মানসিক ৰূপৰ দ্বাৰা একেবাৰে বিচিত্ৰ, ভাল বা ভয়ানক চিত্ৰ তুলনা কৰি দিয়ো। সেই চিত্ৰ ভাল বা ভয়ানক হোৱা কাৰণে মগজুৰ পৰা ওলাই নাযায়। উদাহৰণত চাৰ ডনাল্ড এখন টেষ্টত o ত

আউট হৈ যায় আৰু পিছত কম্পিউটাৰ ব্যৱসায়ত কোটিপতি বনি যায়। আপুনি মানসিক চিত্ৰণ কৰিব পাৰে যে ডনাল্ডে নিজৰ বেটেৰে কোটি কোটি কম্পিউটাৰ ভাঙি আছে।

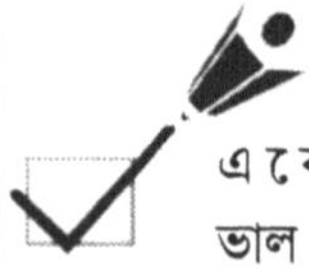

একেবাৰে ভাল বা বেয়া চিত্ৰ তুলনা কৰি কোনো ডাটাক বহুত দিনলৈকে মনত ৰাখিব পাৰি।

তৃতীয় চৰণ- মনত পেলোৱাৰ ভাল উপায়- শেষত আপোনাক মই ডাটা বা পাঠ বেছি দিনৰ লৈকে মনত ৰাখিবলৈ আৰু ভাল এটা টিপ্‌চ দিছো। এইটো বেলা জীগাৰর্নিক ওপৰত আধাৰিত আছে। বেলাই সিদ্ধ কৰিছে যে অধৰুৱা কামৰ স্মৃতি বহুত দিনৰলৈকে থাকি যায়।

যেতিয়া কোনো অধৰুৱা কাম থাকি যায় তেতিয়া মস্তিষ্কত চিন্তাৰ সৃষ্টি কৰে, যাৰ কাৰণে সেই অধৰুৱা কাম স্মৃতিত ৰখি যায়। কাম পুৰা হোৱা পিছত মস্তিষ্কই শান্ত হৈ সেই কামক পাহৰি যায়, সেই অধ্যায়ক বন্ধ কৰি দিয়ে। সেই কাৰণে মোৰ ৰায় হয় যে ৰাতি আধা পাঠ পঢ়িব আৰম্ভ কৰিব লাগে আৰু ৰাতিপুৱা সেই আধাৰ পৰা আৰম্ভ কৰিব লাগে আৰু এনেকুৱা কৰিলে বেছি মনত থাকিব।

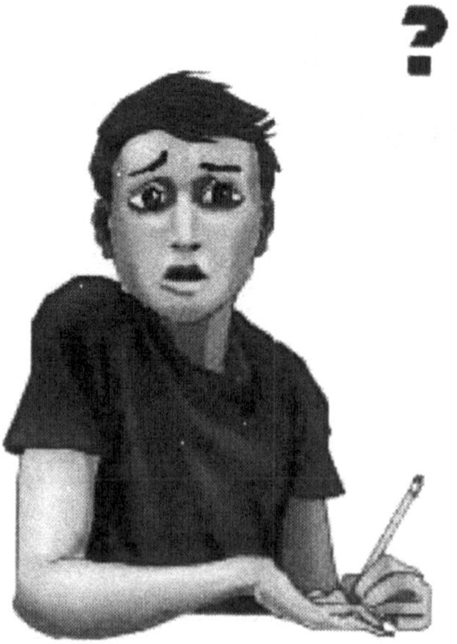

চতুৰ্থ চৰণ- আত্ম পৰামৰ্শ বা নিজৰ ওপৰত বিশ্বাস কৰা প্ৰক্ৰিয়া

এইটো সদায় নিজৰ মনত ৰাখিব যে আপুনি যি ডাটা হলেও মনত ৰাখিব পাৰিব। আপুনি নিজৰ ক্ষমতাৰ ওপৰত পুৰা বিশ্বাস ৰাখিব লাগে। ইয়াৰ পৰা বেছিভাগ মনত ৰাখো কিন্তু সহজে আকৌ পাহৰি যাওঁ- এইটো সত্য কথা

হয়। আমি সদায় কওঁ, নামৰ ক্ষেত্ৰত মই বহুত পাহৰি যাওঁ বা মই একো মনত ৰাখিব নোৱাৰো। ইয়াৰ পৰা আপোনাৰে মনোবল কম হয়। যদি আমি বাৰে-বাৰে এনেকৈ কৈ থাকো তেন্তে আমাৰ নিজৰ মস্তিষ্কই এইটোৱে মানিব ধৰে যে আমি একো মনত ৰাখিব নোৱাৰো। ইয়াৰ সলনি আপুনি এই বুলি ক'ব যে মোৰ বহুত

স্মৃতি শক্তি আছে। আৰু এনেদৰে আপুনি দেৱী গুণ-প্ৰখৰ-স্মৃতি প্ৰাপ্ত কৰিব পাৰিব।

❑

বিজয়ী হ'বৰ কাৰণে পৰীক্ষা আগত ব্যায়াম

প্ৰথম চৰণঃ- ব্যায়ামৰ কিয় প্ৰয়োজন?

পৰীক্ষাৰ প্ৰস্তুতিত লাগি থকা ছাত্ৰক এইটো পাৰম্পৰিক পৰামৰ্শ দিয়া হয় যে শৰীৰক আৰাম দিয়া আৰু মগজুক কাম কৰোৱা কিন্তু মই পাইছো যে শাৰীৰিক ব্যায়াম নকৰিলে মই ভালদৰে পঢ়িব নোৱাৰো আৰু মোৰ ওজন বাঢ়ি যায়। যেতিয়া মেডিকেল কলেজত পঢ়িছিলো মোৰ কিছুমান মিত্ৰৰ এনেকুৱাই অনুভৱ হৈছিল।

যেতিয়া মই কিতাপ অধ্যায়ন কৰিব ললো তেতিয়া মই গম পালো যে ব্যায়াম বহুত মহত্বপূৰ্ণ হয়। ব্যায়াম নকৰিলে মস্তিষ্কৰ ক্ষমতা কমীব ধৰে কিন্তু প্ৰয়োজনতকৈ অধিক ব্যায়াম কৰিলে ভাগৰ লাগে আৰু বেলেগ কাম কৰিব নোৱাৰা হয়। মই আহাৰৰ অধ্যায়ত এইটো কলো যে মস্তিষ্কক ভাল প্ৰদৰ্শন কাৰণে অকসীজেন বা ৰক্ত প্ৰৱাহৰ আৱশ্যকতা হয়। তেতিয়াহে শৰীৰে ভালদৰে কাম কৰিব পাৰে। ব্যায়াম সেই কাৰণে প্ৰয়োজনীয় হয় কাৰণ অকিসজেন ভালদৰে ল'ব পাৰে আৰু তেজ চলাচলত সহায় কৰে।

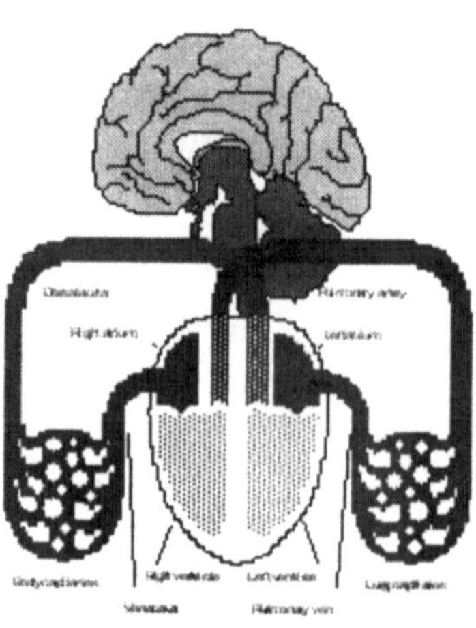

সাধাৰণতে এইটো কথা ধ্যান

ৰাখিব লাগিব যে এৰবিক ব্যায়ামৰ দ্বাৰা আমাৰ শৰীৰৰ বী.এম.আৰ. বী.এম.আৰ পৰা বহুত লৈকে বঢ়ায় দিয়ে (কিছুমান ক্ষেত্ৰত আঠ ঘন্টাৰ পৰা বহুত দিনলৈকে বাঢ়ি যায়)। বী.এম.আৰ. শক্তিৰ সেইটো শক্তি হয়, যাক শৰীৰে আৰাম কৰা সময়ত খৰচ কৰে। অৰ্থাৎ যেতিয়া মাংসই কাম নকৰে তেতিয়া ভিতৰৰ অংগৰ চালনাত এই শক্তি থাকে। যেনে মগজু, দিল আদি চলাচল কৰিবলৈ শক্তি লাগে। বী.এম.আৰ. বাঢ়িলে, শৰীৰত তেজ চলাচল বেছি হয় আৰু য'ত স্মৃতি শক্তি ক্ষমতা বঢ়ায়।

দ্বিতীয় চৰণঃ- কেনেধৰণৰ ব্যায়াম?

এৰবিক ব্যায়াম হ'ব লাগে যেনে কাৰ্ডিয়োবাস্কুলৰ ব্যায়াম য'ত হৃদয়ৰ লগত উশাহৰ গতি বাঢ়িব লাগে। ব্যায়াম কম হলেও ইমান কঠিন হ'ব লাগে যে হৃদয়খন সাধাৰণ গতিৰ পৰা বেছি হিলিব লাগে আৰু উশাহ লোৱা শক্তিক বাঢ়িব লাগে। এনেকুৱা ব্যায়াম কমেও পাচ মিনিটলৈকে কৰিব লাগে (তেতিয়াহে বী.এম.আৰ. ৰ স্তৰ বাঢ়ে)। যদি আপুনি এনেকৈ হৃদয়খনৰ গতি দহৰ পৰা বিশ মিনিটলৈকে বাঢ়াই থব পাৰে তেন্তে আৰু ভাল হ'ব কিন্তু এইটো কৰিবলৈ অভ্যাস কৰিব লাগিব। কৃপা কৰি উজন উঠোৱা বা দৌৰা কাম নকৰিব, যিয়ে গোটেই শৰীৰটোক ভগৰাই দিয়ে। ইয়াক এনৰৌবিক ব্যায়াম বুলি কয় যাৰ দ্বাৰা বডীত বহুত মাত্ৰা লেকিটক এচিড জমা হৈ যায় আৰু যেতিয়া আপুনি পঢ়িব বিচাৰে তেতিয়া তেজৰ চলাচলৰ প্ৰয়োজন হয় আৰু আপুনি পঢ়াত ভালদৰে মনক বঢ়াব নোৱাৰে।

তৃতীয় চৰণঃ-কিমান ব্যায়াম কৰিব লাগে?

এইটো প্ৰত্যেক ব্যক্তিৰ কাৰণে বেলেগ-বেলেগ হ'ব পাৰে। এজন

যদি ব্যায়াম নকৰে তেতিয়া মগজু শক্তি কম হৈ যায় কিন্তু যদি প্ৰয়োজনকৈ অধিক ব্যায়াম কৰা হয় তেন্তে ভাগৰ লাগি যায়।

শক্তিশালী ব্যক্তিক *100* বাৰ উঠা-বহা কৰি ভাগৰ নালাগিব পাৰে গতিকে আৰামদায়ক কৰা ব্যক্তিবোৰে *15-20* মিনিটত ভাগৰী যাব। সেইকাৰণে এনেকুৱা ব্যক্তি ভাগৰি যোৱা আগতে ৰাখি যাব লাগে আৰু সিহঁতে *10* মিনিট দৌৰিব লাগে বা *20* মিনিটমান খোজকাঢ়িব লাগে।

চতুৰ্থ চৰণঃ- ব্যায়ামৰ আদৰ্শ কাৰ্যক্ৰম কি হ'ব লাগে?

যিসকল লোকে ব্যায়াম নকৰে সিহঁতৰ কাৰণে মই এটা সহজ কাৰ্যক্ৰমৰ পৰামৰ্শ দিছো

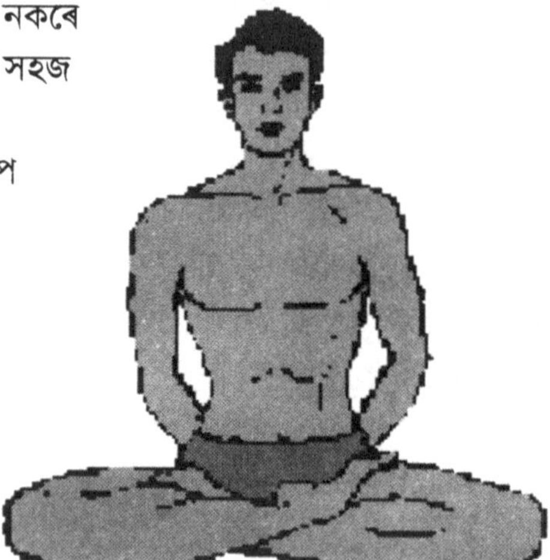

ৰাতিপুৱা সময়ঃ- অলপ যোগ বা প্ৰাণায়াম ব্যায়াম কৰা আদৰ্শ হ'ব। ইয়াত কিছুমান এৰবিক ব্যায়াম যেনে থিয় হৈ থকা বা 100 নম্বৰলৈকে গনি থকা। ইয়াৰ পৰা তেজৰ চলাচলত বা অকসীজেন গ্ৰহণ ক্ষমতাত ঠিক হ'ব।

গধূলীৰ সময়তঃ- এই সময়ত আপোনাৰ এই সময়ত আপোনাৰ বী.এম.আৰ. কম হৈ থাকে। এইটো কাৰণ হয় যে 'ইভিনিং খবৰ' এনেকুৱা বাক্যক প্ৰয়োগ কৰা হয় এই স্থিতিটোক কবলৈ। ইয়াক বঢ়াবলৈ 10-15 মিনিট খোজ কঢ়া ব্যায়াম কৰিব লাগে। ইয়াৰ পৰা আপোনাৰ শৰীৰটো বহুত ভাল হয় অৰ্থাৎ ইয়াৰ পৰা বহুত ঘন্টা লৈকে তেজৰ চলাচল ভাল হ'ব। আদৰ্শ ৰূপত এনেকুৱা তেতিয়া

কৰিব লাগে যেতিয়া আপুনি কোনো এটা পাঠ অধ্যয়ন কৰি শেষ কৰিলে।

SUCCESS

পৰীক্ষা আগত বিশ মিনিটলৈকে ভোজনৰ পিছত আৰাম কৰি অলপ বাহিৰত খোজ কাঢ়িব বা ফুৰিব লাগে।

যি সকলে ৰাতি দেৰিলৈকে পঢ়ি বা পঢ়াৰ অভ্যাস আছে সিহঁতৰ প্ৰতি মোৰ এটা পৰামৰ্শ আছে যে সিহঁতে ডিনাৰ পিছত বিশ মিনিট আৰাম কৰিব লাগে। কাৰণ ভোজন হজম কৰিবলৈ বেছি তেজৰ শক্তি লাগে, সেইকাৰণে আপুনি অলপ মানসিক ৰূপত ভাগৰি যায়। সেই কাৰণে যদি আপুনি ভোজন কৰা পিছত অলপ আৰাম কৰি লয় তেতিয়া আপুনি ভালদৰে পঢ়িব পাৰিব।

❑

অধ্যয়ন কৰাৰ পৰিৱেশ, আপুনি বিজয় হ'বৰ বাবে

প্ৰথমে আপুনি এইটো বুজিব লাগিব যে পঢ়াৰ পৰিৱেশ প্ৰত্যেকৰ কাৰণে বেলেগ-বেলেগ হ'ব পাৰে (য'ত শান্ত পৰিৱেশৰ পৰা লৈ সংগীত পৰিৱেশলৈকে)। কিন্তু এইটো সত্য যে বহুত সময় লৈকে পঢ়াত মন বঢ়াব পৰা কিছুমান কাৰ্য কৰিলে ক্ষমতা প্ৰদান বাঢ়ে।

প্ৰথম চৰণঃ- অধ্যায়নৰ আদৰ্শ পৰিবেশ কাৰণে প্ৰয়োজন

1. আদৰ্শ ৰূপত অধ্যয়নৰ পৰিবেশ বহুত শান্ত হ'ব লাগে। অধ্যয়নৰ দ্বাৰা গম পোৱা গৈছে যে একান্ত ভাৱে পঢ়িলে ভালদৰে বুজিব পাৰি আৰু ইয়াক বহুত দিনলৈকে মনত ৰাখিব পাৰি। কোনো ধৰণৰ হালাৰ পৰা বা টি.ভিয়ে. আপোনাৰ মানসিক ভাগৰ লগাই দিব পাৰে।
2. আনটো হ'ল, অধ্যয়ন কৰা ঠাই চফা হ'ব লাগে। যদি পঢ়া ৰুমত বেছি বস্তু থকা হয় তেতিয়া ধ্যানেৰে পঢ়া ক্ষেত্ৰত মন বঢ়াব নোৱাৰি কাৰণ এনেকুৱা ঠায়ে মনক বিচলিত কৰি দিয়ে।

3. ব্যৱস্থিত হোৱাৰ প্ৰয়োজন হয়। ইয়াৰ

অৰ্থ হ'ল যেতিয়া আপুনি পঢ়িব বহে তেতিয়া কিতাপ, বহী, পঢ়াৰ সামগ্ৰী, কলম বা ৰবড় আদি লৈ বহিব লাগে নহ'লে বাৰে-বাৰে উঠি পঢ়া সামগ্ৰী বিচাৰোতে সময়টো যাব আৰু লগতে

আপোনাৰ পঢ়াৰ পৰা ধ্যান আতৰি যাব আৰু সেই ধ্যান আনিবলৈ আকৌ পঢ়া টেবুলত দশ মিনিট মান লাগিব।

4. অধ্যয়ন কৰা ঠাইত ভালদৰে পোহৰ পৰিব লাগে তথা ঠান্দা হ'ব লাগে। যিবোৰ ৰুমত ভালদৰে পোহৰ নাহে অৰ্থাৎ ৰুমত বতাহ নাহে সেই ৰুমত পঢ়িলে মুৰ বিষ হয় আৰু ইয়াৰ কাৰণে ভালদৰে পঢ়াত মন বঢ়াব নোৱাৰে (মগজুৱে সোনকালে ভাগৰি যায়) কাৰণ বতাহ নথকা কাৰণে চকুৱে দোষ পায়। পোহৰ ক্ষেত্ৰত (*100* ভলটেজৰ লাইট বা *40* ভলটেজৰ টিউব) আৰু এটা চী.এফ.এল. লাইট লগাব লাগে। কিন্তু এইটো ধ্যান ৰাখিব যে লাইটৰ পোহৰটো চিধা চকুত পৰিব নালাগে এনেকুৱা হ'লে আপোনাৰ চকুটো সোনকালে ভাগৰি যাব।

দ্বিতীয় চৰণঃ- অধ্যয়ন ঠাইত কি হ'ব নালাগে?

কিছুমান বস্তু অধ্যয়ন কৰা ঠাইত কেতিয়াও ৰাখিব নালাগে নহলে আপোনাৰ আউটপুট বা পৰিণাম কম হৈ যাব। আপোনাৰ ধ্যানক শেষ কৰি দিয়া বস্তু ওপৰত প্ৰমুখ হয়ঃ-

1. অভিনেতা বা অভিনেত্ৰী আৰু ক্ৰিকেটাৰৰ ফটো ইত্যাদি লগাব নালাগে।
2. ধ্বনি-প্ৰদূষণ হ'ব নালাগে

অর্থাৎ অধ্যয়ন কৰা ৰুমত মিউজিক চিস্টেম এম.পী.-3, ডী.বী.ডী. আদি থব নালাগে।

3. সম্ভৱ হয় যদি পঢ়া ৰুমত ঘড়ী ৰাখিব নালাগে। এইটো শুনিবলৈ আচৰিত লাগিব কিন্তু এইটো সচা হয় যে ৰুমত ঘড়ী থাকিলে আপোনাৰ ধ্যান বাৰে-বাৰে ঘড়ী ফালে চাবলৈ মন যায় আৰু সময় নষ্ট হ'ব। আপুনি এইটোৱে চাই থাকি যাব যে আপোনাৰ কিমান কৰ্চ থাকি গৈছে। যদি ঘড়ী ৰাখিব বিচাৰে তেন্তে পিঠিৰ পিছফালে ৰাখিব লাগে।
4. পঢ়া টেবুলৰ পৰা সকলো উপন্যাস, বাতৰি কাকত ইত্যাদি আতৰাই দিব লাগে, এইবোৰ এবাৰ দেখিলে আপোনাৰ ধ্যান পঢ়াৰ পৰা আতৰি যাব পাৰে।
5. আপুনি অধ্যয়ন কৰা ৰুমত ৰাস্তাৰ ফালে দেখা পোৱা খিড়িকী হ'ব নালাগে, যিফালে আপুনি বাহিৰৰ গতিবিধিক দেখে আৰু শুনিব পাৰে।

তৃতীয় চৰণঃ- বহাৰ নিয়ম

স্থিতি- এনেদৰে বহিব যাতে আপোনাৰ চেহেৰা দেৱালৰ ফালে হ'ব লাগে। যদি বেলেগ ফালে বহে তেন্তে আপুনি অসুবিধা পাব পাৰে। যেনে ষ্টীফেন কিঙৰ কথন আছে যে "লিখাৰ গম্ভীৰ কাৰ্য বন্ধ ৰুমতে হ'ব পাৰে।"

বহাৰ আদৰ্শ অভ্যাস- এনেধৰণে বহিব লাগে যেনে 'প্ৰাণায়ামত' বহে। আৰু এটা বহা ষ্টাইল আছে যেনে চকীত বহা আৰু আপোনাৰ ভৰিটো বহুত সময়লৈকে ওপৰত থাকে আৰু অধিক সময় লৈকে যদি চকীত ভৰি উঠাই বহিলে মস্তিষ্কৰ তেজ চলাচল

কৰাত অসুবিধা হয় আৰু আপুনি ভাগৰি যায়।

নোটঃ-প্ৰয়োজনতকৈ অধিক আৰামদায়ক মূদ্ৰাত আপোনাৰ টোপনি আহিব পাৰে। বঢ়াৰ সময়ত ৰাজহাঁড় চিধা হ'ব লাগে, সেইকাৰণে পঢ়া টেবুলখন সমান হ'ব লাগে। যদি চকীত বহি থাকে তেন্তে পিঠিৰ কাৰণে কুচন লগাব লাগে, যিটোৱে পিঠিক সহায় কৰিব। ধ্যান ৰাখিব যে চকু আৰু কিতাপৰ মাজত দূৰত্ব কেৱল *30* ছে.মি. হ'ব লাগে, ইয়াৰ পৰা চকুৱে দুখ নাপায়।

যদি এই সৰু-সৰু সাৱধানবোৰক আপুনি অভ্যাস কৰিব পাৰে তেন্তে আপুনি অসফলতাৰ পৰা সফলতা পাবলৈ বেছি সময় নালাগে।

❑

SUCCESS

বহাৰ আদৰ্শ নিয়ম- যেনেকৈ প্ৰণায়মত বহে তেনেদৰে বহিব লাগে আৰু আপোনাৰ চেহেৰা দেৱালৰ ফালে থাকিব লাগে।

সময়ৰ প্ৰবন্ধন

এইটো সত্য হয় যে সময়-প্ৰবন্ধন নকৰো কিন্তু নিৰ্ধাৰিত সময়ত নেজৰ গতিবিধিৰ প্ৰবন্ধন কৰো, মানে তাৰ প্ৰাথমিকতা প্ৰদ প্ৰস্তুত কৰো যে কি প্ৰথমে কৰিব লাগে আৰু কি পিছত কাৰব লাগে বা কি একেবাৰে কৰিব নালাগে। মই আপোনালোকক এটা উদাহৰণ দিব বিচাৰো, যিটো মই চী.ই.অ প্ৰবন্ধন কাৰ্যশালাত শিকিছিলো। আমাক সকলোকে নদীৰ কিনাৰত লৈ গৈছিল। আমাক এটা-এটা বাল্টী দিছিল আৰু তাত বালি ভৰাব দিছিল। মই ভাৱিলো যে এইটোৱে প্ৰতিযোগীতা হয় বোধহয় কোনো আগতে বালি ভৰাব পাৰে। মই সোনকালে বালী ভৰাই দিলো আৰু তাৰ পিছত নিদেশ দিলে যে বাল্টীত যিমান বোকা ভৰাব পাৰে ভৰাওক। বাল্টীত ঠাই নাছিল কিন্তু তথাপিও মই বহুত বোকা বাল্টীত ভৰাই দিলো। আৰু শেষত নিৰ্দেশ পালো যে ওচৰত পৰি থকা ইটাক বাল্টীত ভৰাব লাগে। এতিয়া নিৰ্দেশক মহোদয়ে তেওঁৰ অন্তিম নিৰ্দেশ দিয়ে- "ইয়াৰ কিনাৰৰ ওচৰত ইটা পেলাই দিয়া।" আমি সকলোৱে বিস্ময়েৰে কব ধৰিলো "আৰে! এইটো অসম্ভৱ হয়!" তেতিয়া সেই মহোদয়ে হাঁহি কলে "আমাৰ সকলোৰ লগত এইটোৱে সমস্যা হয়। কল্পনা কৰা যে জীৱনত তোমাৰ 100 নম্বৰ ইটাৰ,

10 নম্বৰ বালিৰ বাবে কোনো নম্বৰ নিদিয়াহেঁতেন তোমাৰ কি হ'লহেঁতেন?

এই বাৰ তেওঁ অভ্যাস ভালদৰে কৰিলে, সকলোতকে প্ৰথমে ইটা ভৰাব কলে। যেতিয়া বাল্টী ভৰি গ'ল তেতিয়া বোকা ভৰাব কলে। বাল্টীত অলপ ঠাই বোকা ভৰাবলৈ হৈ গ'ল। তাৰ পিছত বালি ভৰাব দিলে। আৰু বাল্টীত সহজে 4-5 গিলাছ বালি ভৰাই দিলে। গধূলী তেওঁ মোক হাঁহি কলে "এইটোৱে জীৱনৰ এ.বী.চী. হয়।" জীৱনৰ মহত্বপূৰ্ণ কাম যেনে আপোনাৰ পৰীক্ষা 'এ' গ্ৰেডৰ কাম হয়। এইটো আপোনাৰ সকলোতকৈ ডাঙৰ প্ৰাথমিকতা হয়। গ্ৰেড 'বী' কাৰ্য কৰিবলৈ কোনো অনিবাৰ্য নাই। গ্ৰেড 'চী' কাম এনেধৰণৰ হয় যেনে যাৰ আপোনাৰ সফলতাৰ লগত কোনো সম্পৰ্ক নাথাকে। ফোনৰ ঘন্টী বা জন্মদিনৰ পাৰ্টী যেনে এইটো কাম সদায় সময়ত হয়, আপোনাক ধ্যান টনা আৰু প্ৰয়োজনীয় কামত লগা সময়খিনি এনেই গুচি যায়। এইটোৱে সময় প্ৰবন্ধন কৰা মূল পাঠ হয়।

এতিয়া চাওক যে সময় প্ৰবন্ধন কৰি আমি সময় কেনেদৰে বচাব পাৰিম।

প্ৰথম চৰণঃ- নিজৰ 'প্ৰাইম টাইম' বা সেইখিনি সময় যিখিনি সময়ত আপুনি ভাল অনুভৱ কৰে, নিশ্চিত কৰক। নিজকে জানিবলৈ চেষ্টা কৰক যে আপুনি কি ধৰণৰ ব্যক্তি হয় ৰাতিপুৱা পঢ়ি বেছি মনত ৰাখিব পাৰে নে বা ৰাতি পঢ়ি বেছি মনত ৰাখিব পাৰে আৰু যিটোত আপুনি পঢ়ি ভাল পায় মেই সময়ত পঢ়িবলৈ চেষ্টা কৰিব। এই প্ৰক্ৰিয়াটো আপোনাৰ '*circadian rythm*' ওপৰত নিৰ্ধাৰিত হয়। যেতিয়া অপোনাৰ মনটো ঠিক হৈ থাকে তেতিয়া পঢ়িলে বেছি মনত থাকে।

দ্বিতীয় চৰণ- প্ৰাথমিকতা অনুসাৰে নিজৰ গতিবিধি লিখক মানে- প্ৰথম, দ্বিতীয় আৰু তৃতীয়। এতিয়া প্ৰথম গতিবিধিক নিজৰ সৰ্বধিক ভাল সময়ত প্ৰদান কৰক, আকৌ দ্বিতীয় ইত্যাদি।

> idea
> নিজৰ প্ৰাইম টাইমখিনি তৃতীয় শ্ৰেণী কামৰ পৰা বচাব।

সাৱধান নিজৰ প্ৰাইম টাইমখিনি তৃতীয় শ্ৰেণীত কাম কৰা।

আমি চাম যে এই গতিবিধি কি হ'ব পাৰে। প্ৰথম ইটা, এইটো কাম যিটো পঢ়াৰ লগত জড়িত আছে আৰু মহত্বপূৰ্ণ হয়। অৰ্থাৎ আগৰ সপ্তাহত হ'বলগীয়া টেষ্টৰ প্ৰস্তুতি আৰু যি সেই দিনা পঢ়োৱা হৈছিল তাক আকৌ পঢ়া। দ্বিতীয় বোকা- সেইটো কাম প্ৰয়োজন হয় কিন্তু আপোনাৰ সফলতাৰ পিছত লগে-লগে প্ৰভাৱ নপৰে- যেনে প্ৰেক্টিকেলৰ ফাইল নিৰ্মাণ কৰা বা প্ৰজেক্ট প্ৰস্তুত কৰা। তৃতীয়, বালি- অৰ্থাৎ সেইটো কাম বা গতিবিধি যিটো আপোনাৰ সফলতাত কোনো প্ৰভাৱ নপৰে- যেনে কোনো মিত্ৰক লগ কৰা বা কোনো উৎসৱত যোৱা, যাক তেতিয়াই কৰিব লাগে যেতিয়া আপুনি প্ৰথম আৰু দ্বিতীয় শ্ৰেণীৰ কাম কৰি আছে আৰু তাৰ আৰামৰ সময়ত বা ব্ৰেক সেই কামক কৰিব পাৰে।

তৃতীয় চৰণঃ- নিজৰ সময়-চাৰিণী বা 'টাইম-লগ' বনাই ৰাখিব। যদি আপোনাক লাগে যে সময়ত কাম কৰিব নোৱাৰিলে সকলো কামৰ কাৰণে বিয়ৰা ৰাখিব লাগে। প্ৰাথমিকতাই ক'ব যে কি কৰিব লাগে তেন্তে টাইম লাগে ক'ব যে আপুনি বাস্তৱত কি কৰিলে। আৰু সেইটো চাই আপুনি নিম্ন শ্ৰেণী কামখিনি বেলেগ কৰিব পাৰে আৰু সময় চাব পাৰে।

চতুৰ্থ চৰণঃ- নিজৰ কামৰ প্ৰাথমিকতাক কেনেদৰে প্ৰস্তুত কৰিব? ইয়াত আমি নিজৰ কামক তিনিটা সময় ভাগ পৰীক্ষাত ৰাখিব পাৰো।

1. প্ৰথম পৰীক্ষাঃ- 'প্ৰয়োজনীয়'- আপোনাৰ পৰীক্ষাৰ দৃষ্টিৰ পৰা এইটো কিমান প্ৰয়োজন হয়।
2. দ্বিতীয় পৰীক্ষাঃ- 'উপযুক্ততা' অৰ্থাৎ এই কামটো কৰিবলৈ আপুনিয়ে সকলোতকৈ উপযুক্ত ব্যক্তি হয় নে বা আন ব্যক্তিয়ে এইটো কাম আপোনাতকৈ ভালদৰে কৰিব পাৰে। যেনে কাগজৰ ফটোকপী কৰিব যাবলৈ সকলো ব্যক্তি যাব পাৰে। মনত ৰাখিব যে আপোনাৰ নিজৰ প্ৰাথমিকতা আছে।
3. তৃতীয় পৰীক্ষাঃ- কি এই কামটো কৰিবলৈ ভাল উপায় বা সময়

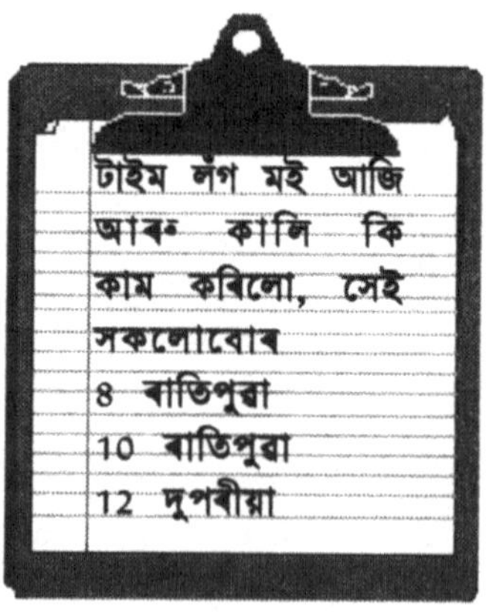

আছে? এই পৰীক্ষা বেছি দ্বিতীয় বা তৃতীয় শ্ৰেণী কামৰ লগত তুলনা হয় যিটোক আপুনি কৰিব লগা হয়। যেনে আপুনি পঢ়াৰ পিছত ফোন কল আৰু এচ.এম.এচ. উত্তৰ দিব পাৰে।

চতুৰ্থ চৰণ- আপোনাৰ সময়-আপোনা সময়ক নষ্ট কৰা কাৰণক জানিব লাগিব

1. **পৰিৱেশ সময় নষ্ট কৰা কাৰণঃ** অৰ্থাৎ অহা অতিথি, এচ.এম.এচ. ফোনৰ মেচেজ, কল, বেমাৰ বা ভাগৰ। এই সকলোবোৰক দূৰত ৰাখিবলৈ চেষ্টা কৰিব লাগে। এখন বোৰ্ডত লিখি লগাই দিব যে আপোনাক ইমান সময় পৰা ইমান সময়লৈকে কোনো ব্যক্তিয়ে অসুবিধা নকৰে। পঢ়াৰ ব্ৰেক সময়ত ফোন কৰিব আৰু কথা পাতোতে বিছনাত সুই কথা পাতিব তেতিয়া অলপ আৰাম হৈ যাব।

2. **নিজৰ দ্বাৰা কৰা কাৰকঃ-** এই বোৰ আপোনাৰ কাৰণ হয় সেইকাৰণে আপুনি এইবোৰক ঠিক কৰিব পাৰে। এইটো তিনি প্ৰকাৰৰ হয়-

ক) অব্যৱস্থিত ব্যক্তিঃ- অৰ্থাৎ সেইবোৰ ব্যক্তি যিবোৰে কলম, বহী বা কিতাপ এইবোৰ সামগ্ৰী বিচাৰোতে *33%* সময় নষ্ট কৰি দিয়ে আৰু তাৰ পিছত পঢ়িব বহে।

খ) পলম কৰা ব্যক্তিঃ- সেইবোৰ ব্যক্তি যিবোৰে কাম কৰা আৰম্ভণিতে পলম কৰে, আৰু নিজৰ কাম আৰম্ভ কৰিব নোৱাৰে। আপুনি কয় "*10* মিনিট পিছত পঢ়া আৰম্ভ কৰিম আৰু সেই *10* মিনিট *1* ঘন্টালৈ সলনি হৈ যায়।"

গ.'নহয়' বুলি ক'বলৈ অক্ষমতাঃ- যেনেদৰে আপুনি ডাঙৰ হৈ যাব, আপুনি নহয় বুলি ক'বলৈ অভ্যাস কৰিব লাগিব। আপুনি উৎপাদক সময় কেৱল এই কাৰণে বেয়া কৰিব নোৱাৰে যদি আপুনি 'নহয়' বুলি

নকয় তেন্তে এনেকুৱাই কৰিব লাগিব। নহয় বুলি ক'ব নোৱাৰোটো এটা অপৰিপককতা হয়। এইটোৱে কথা ফোন, মেচেজ কাৰণে এনেকুৱাই হয়। আপুনি ক'বলৈ শিকিব লাগিব যে “মিত্ৰ, কিন্তু মই মোৰ কাম কৰি আহিব পাৰিম।” মই আশা কৰো যে আপোনাৰ ভাল মিত্ৰই আপোনাৰ কথাটো বুজি পাব আৰু আপোনাক বেয়া নাপায়।

ষষ্ঠ চৰণঃ- নিজৰ কাৰ্যক্ৰমৰ টাইম টেবোল বনাওক (প্ৰথমে চৰ্চা হৈছে) এইটো এটা আচৰিত কথা যে কিছুমান ছাত্ৰই মানে যে সিহঁতে তেতিয়াই পঢ়িব লাগে যেতিয়া সিহঁতৰ পঢ়িব মন যায় কিন্তু সচা এইটো হয় যে যিবোৰ ব্যক্তিয়ে জীৱনত সফলতা পাইছে সিহঁতে টাইম টেবুল প্ৰস্তুত কৰি পঢ়ে আৰু টাইম টেবুল ভালদৰে পালন কৰে। যদি আপুনি এবাৰ পঢ়াৰ টাইম টেবুল প্ৰস্তুত কৰি লয় তেতিয়া আপুনি ভালদৰে পঢ়িব পাৰিব।

নোট্‌ঃ- আপুনি মিত্ৰ আৰু ঘৰৰ সদ্যসই লগত আপোনাৰ টাইম টেবোলৰ বিষয়ে চৰ্চা কৰি ললে বেছি ভাল হ'ব। তেতিয়া সিহঁতে আপুনি পঢ়া থকা সময়ত অসুবিধা কৰিব নাহে। এইটো বেছি ভাল হ'ব যে আপুনি নিজৰ টাইম টেবুল এখন বোৰ্ডত লিখি লগাই দিব।

সপ্তম চৰণঃ- নিজৰ টাইম টেবুলৰ মাজত অলপ সময় কাৰণে ব্ৰেক ৰাখিব লাগে। যেনে এই সময়ত আপুনি অলপ সময় কাৰণে আৰাম কৰিব পাৰে বা অলপ সংগীত শুনিব পাৰে যাৰ পৰা আপোনাৰ মনটো ভাল লাগিব। এইটো বহুত মহত্বপূৰ্ণ হয়। এই গতিবিধিক বালী বুলি নাভাৱিব কাৰণ এইটো মগজুক ঠিক কৰিবলৈ প্ৰয়োজন হয়। এইটো জানি লওঁক যে টুপনী যোৱা সময়ৰ নষ্ট কৰা নহয়। কাৰণ ভাগৰী

থকা মগজুয়ে আপোনাৰ উৎপাদক কেৱল *50%* কৰিব পাৰে।

অষ্টম চৰণঃ- আপোনাৰ পৰীক্ষা উপলব্ধি সময়ৰ প্ৰবন্ধন অৰ্থাৎ সেই দুই-তিনি ঘন্টাৰ উৎপাদক প্ৰয়োগ কেনেদৰে কৰিব। ইয়াৰ কাৰণে ভাল উপায় হয় নকলি পৰীক্ষা দি অভ্যাস কৰক। য'ত আপুনি নিজৰ পৰীক্ষা কাৰণে বাৰে-বাৰে ৰিহাচল কৰে।

এটা পুৰনা কথা আছে, "সময় ধন হয়।" কিন্তু মই ক'ব বিচাৰো যে পৰীক্ষাত "সময়ে নম্বৰ হয়।" ইয়াৰ অৰ্থ এইটো হয় যে সময় প্ৰম্বধন দ্বাৰা বচোৱা "ক্ষণ" আপুনি বচাই লয় সেইটোৱে নিশ্চিত ৰূপত আপোনাক সফল কৰিবলৈ সহায় কৰে।

❑

সফলতা কাৰণে ব্যক্তিগত লক্ষ্য নিৰ্ধাৰণ
(Goal Setting)

প্ৰথম চৰণঃ- লক্ষ্য নিৰ্ধাৰণ কিয় প্ৰস্তুত কৰিব লাগে?

বৈজ্ঞানিকৰ মতে লক্ষ্য নিৰ্ধাৰণৰ লগত সফলতা জড়িত আছে। পৰা সফলতা প্ৰাপ্ত হয়, ইয়াৰ এটা বৈজ্ঞানিক আধাৰ আছে। আমাৰ মগজুত এটা স্নায়ু কেন্দ্ৰ থাকে যাক আমি আৰ.এ.এচ. *(Reticular activating system)* বুলি কওঁ। এই তন্ত্ৰই বাস্তৱিকতাৰ এটা চালনীৰ দৰে কাম কৰে। সত্য এইটো হয় যে আমাৰ সকলো ইন্দ্ৰিয়ক একেলেথাৰিয়ে বাহিৰৰ পৰা খবৰ গ্ৰহণ কৰে যাক আমি বুজিবলৈ বহুত কষ্ট হয়। সেই কাৰণে এই তন্ত্ৰই কেৱল মহত্বপূৰ্ণ খবৰক নিজৰ মগজুলৈ পঠিয়াই। এই আৰ.এ.এচ. দ্বাৰা আমাৰ মস্তিষ্কই সেই খবৰক গ্ৰহণ নকৰে যিটো আমাৰ কামত নাহে।

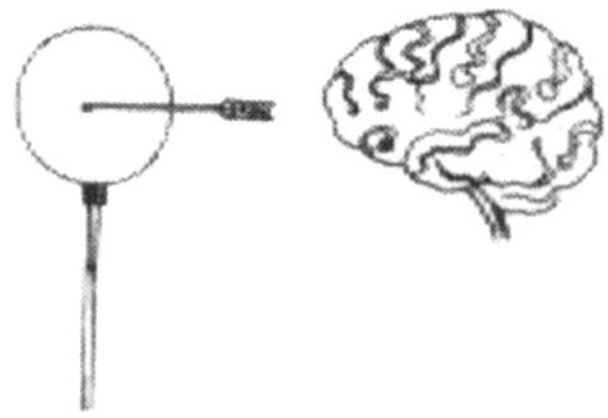

উদাহৰণ কাৰণে মানি লোৱা আপুনি এখন মটৰ চাইকেল কিনিবলৈ আহে, সাধাৰণতে মটৰ চাইকেল আপোনাৰ বহুত দেখিছে কিন্তু আপুনি ধ্যান নিদিয়ে। এতিয়া আপুনি সেই মটৰ চাইকেলক ভালদৰে চাবলৈ ধৰে- সেই মটৰ চাইকেলৰ ৰং, মডেল, ইত্যাদি। কাৰণ আপোনাৰ আৰ.এ.এচ.মস্তিষ্কক ইয়াৰ বিষয়ে ভাৱিবলৈ নিৰ্দেশ দিলে। ঠিক এনেদৰে যেতিয়া আমি আৰ.এ.এচ. সক্ৰিয় হৈ

যাওঁ আৰু আমি লক্ষ্য ওপৰত কেন্দ্ৰিত হ'বলৈ ধৰো।

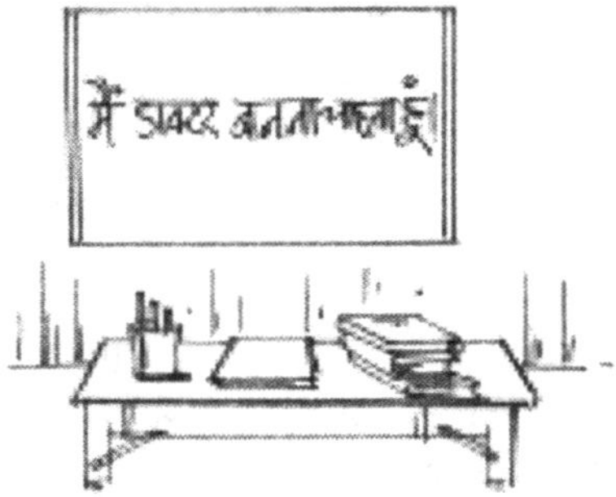

এইটো বুজিবলৈ মহত্বপূৰ্ণ হয় যে আমি আমাৰ আৰ.এ.এচ. প্ৰগ্ৰেম কৰিব পাৰো নিজৰ লক্ষ্য প্ৰাপ্তি কাৰণে।

দ্বিতীয় চৰণঃ- লক্ষ্য নিৰ্ধাৰণ প্ৰক্ৰিয়াক প্ৰভাৰী কেনেদৰে হ'ব?

নিজৰ লক্ষ্যক স্পষ্টৰে লিখি লব। এখন ডাঙৰ কাগজত (*50* ছে.মি. × *50* ছে.মি.) লিখিব যে য'ত মই এম.বী.এ. মেনেজাৰ হ'ব বিচাৰো। বা 'মই ডাক্তৰ/ইঞ্জীনিয়াৰ হ'ব বিচাৰো।' এই কাগজক আপুনি পঢ়া টেবোলত লগাই দিব লাগে।

মোৰ বিশ্বাস কৰক, এইটো কাৰণে মই ডাক্তৰ হ'বলৈ প্ৰেৰণা পালো। যেতিয়া মই প্ৰথমবাৰ মেডিকেলৰ প্ৰৱেশিকা পৰীক্ষাত অসফল হৈ গৈছিলো। তেতিয়া মই ইঞ্জীনিয়াৰিঙত ভৰ্তি হৈ গৈছিলো আৰু মই পঢ়িও আছিলো। কিন্তু মোৰ মন ডাক্তৰ হ'বলৈ আছিল। মই আকৌ ডাক্তৰ পৰীক্ষা কাৰণে পঢ়িলো। মোক সকলোৱে এইটো কৈছিল যে দিল্লী ইঞ্জীনিয়াৰিং এৰি মেডিকেল কাৰণে যোৱা বেয়া হ'ব। সেই সময়ত মই নিজৰ সপোনক পুৰা কৰিবলৈ কাগজত লিখি লগাই দিলো, "জীৱনত মোৰ সকলোতকৈ ডাঙৰ সপোন এইটো হয় যে মই ডাক্তৰ বনো, আৰু ডাক্তৰ বাহিৰে একো নহয়।" এই লিখিত বাক্যই মোক প্ৰেৰণা দিলে আৰু নিজৰ সপোন পুৰা কৰিলো।

তৃতীয় চৰণঃ- নিজৰ লক্ষ্য প্ৰস্তুত কৰা পিছত এইটো প্ৰস্তুত কৰিব যে আপোনাৰ সপোনক পাবলৈ আপুনি কি কৰিব লাগিব। যেনে ডাক্তৰ হ'ব লগা আছে, তেন্তে এম.বী.বী.এচ. প্ৰৱেশিকা পৰীক্ষাত সফলতা হ'ব লাগিব। বা মেনেজাৰ হও'বলৈ এম.বী.এ. কেট পৰীক্ষা সফলতা হ'ব লাগিব।

ডাক্তৰ বনিবৰ কাৰণে

– মই প্ৰৱেশিকা পৰীক্ষাত সফল হ'ব লাগিব।

– প্ৰৱেশিকা পৰীক্ষাত সফল হ'বলৈ মই কচিং ক্লাচ যাব লাগিব।

– মই একাদশ শ্ৰেণীৰ পাঠটো ভালদৰে আকৌ পঢ়িব লাগিব।

চতুৰ্থ চৰণঃ- এতিয়া নিজৰ লক্ষ্য প্ৰাপ্তি প্ৰয়োজনৰ কাৰণে সময় সীমা (*Time Frame*) প্ৰদান কৰিব, অৰ্থাৎ ইয়াৰ কাৰণে এদিন প্ৰস্তুত কৰক। এই টাইম টেবুল আমাৰ কাৰণে বহুত প্ৰয়োজনীয় কাৰণ ইয়াৰ বাহিৰে আমি

নিজৰ ৰাস্তা পাহৰি যাব পাৰো। ইয়াৰ মহত্ব এইটো কাৰণে হয় যে কেতিয়াবা-কেতিয়াবা আমি কিছুমান কাৰণে সময় মিলোৱাত কষ্ট হয় আৰু এই টাইম টেবুল থাকিলে আমি আমাৰ সময় মিলোৱাত সুবিধা হয়।

পঞ্চম চৰণঃ- দিন-প্ৰতিদিন ৰ লক্ষ্য নিৰ্ধাৰণক টাইম টেবোল বুলি কয় (প্ৰথমে চৰ্চা হৈছে)

ষষ্ঠ চৰণঃ- নিজৰ মগজুক নিজৰ লক্ষ্যক বাৰে-বাৰে মনত পেলাই থাকিব লাগে আৰু ইয়াৰ পৰা আপোনাৰ বিশ্বাস বাঢ়িব আৰু লক্ষ্য প্ৰাপ্তি কাৰণে আপোনাৰ বিশ্বাস বাঢ়িব।

1. নিজৰ লক্ষ্যক প্ৰতিদিন দুবাৰকৈ অভ্যাস কৰিব লাগে, যেনে "মই এঞ্জিনীয়াৰ বনিব বিচাৰো।"
2. ৰাতি হোৱা আগতে, চকু বন্ধ কৰি কল্পনা কৰিব যে আপোনাৰ সপোন সচা হৈ গ'ল। যদি ডাক্তৰ হোৱাৰ মন আছে তেন্তে সচা-সচি এজন ডাক্তৰ হৈ কাম কৰি আছে বুলি ভাৱিব। । ইয়াৰ পৰা মস্তিস্কই প্ৰেৰণা পাব।
3. কল্পনা কৰিব যে লক্ষ্য প্ৰাপ্তিৰ পিছত আপুনি কেনেদৰে পুৰস্কৃত হ'ব, ইয়াকো লিখি ল'ব। যেনে কোনো ভাল বিদেশী কোম্পানীত মেনেজাৰ হৈ গ'ল বা কোনো ডাঙৰ ব্যক্তি হৈ মাৰ্চিডিজ গাড়ীত গৈ আছে। ইয়াৰ পৰা আপুনি বহুত প্ৰেৰণা পাব।

এই অধ্যায় সমাপ্ত কৰাৰ আগতে মই আকৌ কওঁ যে নিজৰ লক্ষ্যক স্পষ্ট ৰূপেৰে লিখি ল'ব। যেতিয়া আমি তৃতীয় বছৰ গ্ৰেজুএট্চ বিষয়ে অধ্যয়ন কৰিলো তেতিয়া পালো যে *10%* লোকৰ বিশিষ্ট লক্ষ্য নিজৰ সপোনকৈ বেলেগ আছিল আৰু কেৱল ইয়াৰ পৰা *3%* ইয়াক লিখিত ৰূপত ৰাখিছিল। লিখিত ৰূপত ঠোৱা ছাত্ৰ খিনি লিখিত ৰূপত নুঠোৱা ছাত্ৰ খিনিতকৈ *10* গুন অধিক নম্বৰ লৈ নিজৰ লক্ষ্য পালে। সেইকাৰণে নিজৰ লক্ষ্য লিখিব লাগে। শুভকামনা সহিত। ❑

> idea
>
> **নিজৰ লক্ষ্যক স্পষ্ট ৰূপত লিখি নিজৰ পঢ়া টেবুলত লগাই দিব লাগে।**

এটা লুকাই থকা বিশেষতা- নেগুৰট জুই

সফলতাৰ বিষয়ে চৰ্চা কৰা সময়ত, এটা কথা মগজুত আহে- এই সফল ব্যক্তিৰ কিমান বেলেগ হয়। কিমান ব্যক্তি এনেকুৱা হয়, যিবোৰ শৌধৰ পৰা বিপৰীত বিশেষতা দৰে হয় আৰু তথাপিও নিজৰ লক্ষ্য সম্পৰ্ণ কৰে। কিছুমান টপাৰ এনেকুৱা হয়, যোনে কেতিয়াও ব্যায়াম নকৰে, কিছুমানে কেৱল ফল খায়, কিছুমানে কোনো টাইম টেবুল পালন নকৰে, কিছুমানে শেষৰ লৈকে ভালদৰে কাম নকৰে, কিছুমানে হাই উৰুমী কৰি আৰু সংগীতৰ লগত কাম কৰে, কিছুমানৰ সময় প্ৰম্বধন বহুত বেয়া হয় আৰু লক্ষ্য প্ৰস্তুত নহয় তথাপিও সিহঁত সফল হয়, কেনেদৰে? এদিন অৰ্থাৎ, স্কুলৰ মিত্ৰৰ লগত কথা পাতোতে মোৰ মগজুত এইটো কথা আহিল যে সেই টপাৰবোৰ কোনো গুণ নৰখাকে এচ.চী.আৰ.এ. আৰু আই.আই.টী. পৰীক্ষাত সফলতা হৈছে। তেতিয়া মোক সফলতা আৰু অসফলতাত ভেদ কৰাৰ কাৰকৰ অনুভৱ হ'ল। এটা নেকুৱা প্ৰভাৱশালী কাৰক, যিয়ে আন সকলো কাৰকৰ ঋণাত্মক প্ৰভাৱক লুকুৱাই দিয়ে, যিয়ে আপোনাৰ 3ৰ পৰা 6% লৈকে প্ৰভাৱিত কৰিব পাৰে, এইটো কাৰক আপোনাৰ

সফলতাৰ আশাক দুগুন কৰি দিব পাৰে। আৰু এতিয়া মই চাওঁতে দেখিলো সকলো টপাৰ লগত এই গুণ আছিল।

এই ঘাটকটোৰ নাম মই নেগুৰট জুই বুলি দিছো। ইয়াৰ অৰ্থ হ'ল ব্যক্তি লগত সফল হ'বলৈ বহুত অভিলাষা আছে। যেনেদৰে নেগুৰট জুই লাগিলে কোনো ব্যক্তিয়ে পানীৰ ফালে দৌৰিব ধৰে, এনেদৰে সিহঁতে সফলতা কাৰণে দৌৰিব ধৰে আৰু এই সফলতা পাবলৈ সিহঁতে সকলো কাম কৰিবলৈ প্ৰস্তুত থাকে। প্ৰশ্ন এইটো হ'ল যে- আপুনি কেনেদৰে জানিব যে কোনো ব্যক্তিৰ 'নেগুৰট জুই লাগিল' গুণ আছে বা নাই বুলি? এই গুণৰ লক্ষ্য স্পষ্ট ৰূপত আছেঃ-

প্ৰথম লক্ষণঃ- এনেকুৱা ছাত্ৰক পৰীক্ষাত সফল হ'বলৈ এটা বেলগ ধৰণৰ কষ্ট দেখা পোৱা যায়। বহুত এলেহুৱা ছাত্ৰই পৰীক্ষা সময়ত এলাম বজাৰ আগতে উঠি পঢ়িব ধৰে।

দ্বিতীয় লক্ষণঃ- যদি তেওঁ জানি লয় যে সিহঁতৰ কোনো ঋণাত্মকতা, সফলতাৰ ৰাস্তা আহিব পাৰে তেতিয়া তেওঁ তাক দূৰ কৰিবলৈ সকলো চেষ্টা কৰে। মগজু ভাগৰিব ধৰে যদি বেছি কেলৰী ল'বলৈ ধৰে বা নিজৰ ক্ষমতা বঢ়াবলৈ জিম যাবলৈ ধৰে ইত্যাদি।

তৃতীয় লক্ষণঃ- সিহঁতে সফলতা কাৰণে যি হলেও বলি কৰিবলৈ ক্ষমতা ৰাখে। যিয়ে সিহঁতক পঢ়া ক্ষেত্ৰত বাধা দিব সিহঁতে সেই বস্তুটো পাহৰি যাবলৈ ক্ষমতা

ৰাখে যেনে টী.ভী., সংগীত, মিত্ৰ আৰু সম্বন্ধ কোনো ব্যক্তিয়ে সিহঁতৰ সফলতাক বাধা দিব নোৱাৰে।

চতুৰ্থ লক্ষণঃ- সিহঁতে সদায় নিজৰ প্ৰদৰ্শন বিষয়ে ভাৱে আৰু স্বাৰ্থী হৈ যায়। যদি সিহঁতৰ পঢ়া দিনত সম্পূৰ্ণ হোৱা নাই তেন্তে সিহঁতে গোটেই দিনটো যি-টি কৰি থাকে। অৰ্থাৎ নিজকলৈ বহুত খং কৰি থাকে এই বিশেষ গুণৰ পৰা নেগুৰট জুই লাগিলৰ বিশেষটা গম পায়। আজি 90% চাকৰী কোম্পানিত এনেকুৱা ব্যক্তিক চাকৰী কাৰণে বিচাৰে যিসকলে বহুত কষ্ট কৰি নিজৰ কাৰ্য সম্পূৰ্ণ কৰে।

পঞ্চম লক্ষণঃ- এইবোৰ ব্যক্তি বহুত আত্মবিশ্বাসী হয়, আৰু নিজৰ সফলতা প্ৰাপ্তি কাৰণে নিজকে গৌৰব কৰে। এইবোৰ ব্যক্তিয়ে নিজৰ সফলতাৰ বিষয়ে সম্পূৰ্ণ ৰূপত ঠিক থাকে।

ষষ্ঠ লক্ষণঃ- সিহঁতে নিজৰ টাইম টেবুল আৰু কষ্টৰ কাৰণে নাকান্দে কাৰণ সিহঁতে এই সকলোবোৰ আনৰ কাৰণে নহয় নিজৰ সন্তুষ্টি কাৰণে কৰিছে। সিহঁতে এইবোৰ আনৰ আদেশত কৰা নাই।

আপুনি 'নেগুৰট জুই লগা' গুণ কেনেদৰে পাব পাৰে?

সকলোতকৈ প্ৰথমে আপুনি এই লক্ষণবোৰক ভালদৰে পালন কৰিব লাগিব তেতিয়া আপোনাৰ নেগোট জুই লাগিব।

- আন ব্যক্তিয়ে আপোনাক সোনকালে উঠাব বা শ্ৰেণীত পঠাব, ইয়াৰ কোনো বিশ্বাস নকৰিব। আপুনি ইয়াৰ কাৰণে নিজেই প্ৰস্তুত থাকিব লাগিব।
- আপুনি নিজৰ ক্ষমতাৰ ওপৰত কেন্দ্ৰিত হ'ব লাগিব। কাম শেষ নহলে আপুনি শুবলৈ নাযাব, লাগিতে ৰাতিৰ এটা বজা বা দুটা বজা হ'লেও।
- বহুত কষ্ট কাৰণে কান্দিব নালাগিব।

SUCCESS

ভাল কথা এইটো হয় যে যদি আপুনি এই লক্ষণক ল'ব পাৰে তেন্তে আপোনাৰ নেগুৰট জুই লাগিব।

- নিজৰ সফলতাৰ প্ৰতি সম্পূৰ্ণ বিশ্বাস ৰাখিব লাগিব আৰু সকলোৰ আগত স্বীকাৰ কৰিব লাগিব।
- যদি সফলতাৰ আগত কোনো ঋণাত্মক পক্ষ আছে তাৰ লগত কাজিয়া কৰিব লাগিব আৰু সফলতা প্ৰাপ্ত কৰিব লাগিব।
- নিজৰ টেষ্টক ধ্যান দি চাব লাগে। যদি এনেকুৱা অসুবিধা হয় তেন্তে আপুনি আৰু কষ্ট কৰাৰ প্ৰয়োজন হয়।
- নিজকে দন্ড বা পুৰস্কাৰৰ বিধান ৰাখিব আৰু তাক ভালদৰে পালন কৰিব লাগে। যেতিয়া সময় মতে ভাল কাম হয় তেন্তে তাৰ কাৰণে পুৰস্কাৰ কৰিব। কিন্তু ভগৱানে নকৰে, যদি আপুনি সময়ত আপুনি কাম কৰিব নোৱাৰে নিজকে ইমান বেয়া কষ্ট নিদিব।
- নিজকে প্ৰথমে প্ৰাথমিকতা দিব আৰু নিজৰ মনৰ পৰা দিব।
- নিজৰ টাইম টেবুল নিজেই প্ৰস্তুত কৰক আৰু সচা মনেৰে পালন কৰিব।
- যদি আপোনাৰ পঢ়াৰ ক্ষেত্ৰত সমাজৰ কাৰ্যৰ কাৰণে বাধা হয় তেন্তে সেই সমাজৰ কাৰ্যক পালন নকৰো বুলি কবলৈ শিকিব লাগে। স্পষ্ট ৰূপত কৈ দিব নকৰো বুলি।
- চিন্তাৰ কাৰ্য বা ঘৰৰ কাম কৰিবৰ পৰা বাচিব লাগিলে আপোনাৰ লগত সময় থাকিলেও কাৰণ এইবোৰ কৰিলে আপুনি ভাগৰি যাব আৰু ভালদৰে পঢ়াত মন দিব নোৱাৰিব।
- সকলোতকৈ প্ৰথমে নিজৰ শৰীৰ ধ্যান ৰাখিব। পৰীক্ষাৰ সময়ত বেমাৰ পৰি আপুনি ডাক্তৰ ওচৰত যাব বিচাৰিব নে? নিবিচাৰে হয় নে।
- যদি কিছুমান কাম আনে ভালদৰে কৰিব পাৰে তেন্তে সেই কাম আনক দিব লাগে লাগিলে তেওঁৰ অলপ কষ্ট হলেও।

যদি আপুনি এনেকুৱা কৰিবলৈ শিকি যায় তেন্তে আপুনি এই গূণ নেগুৰট জুই লগা লাহে-লাহে প্ৰাপ্ত কৰি ল'ব আৰু আপোনাৰ জীৱনত সফলতা আপোনাৰ পৰা দূৰত যাব নোৱাৰে। মই আপোনাক শুভকামনা দিলো।

❑

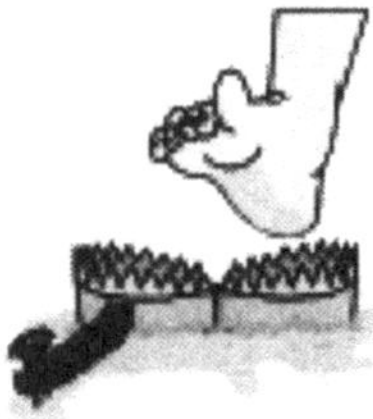

অসফলতা হোৱাৰ কাৰণ
বিলম্ব বা গুৰুত্ব নিদিয়া
(Procrastination)

বিলম্ব বা গুৰুত্ব নিদিয়াৰ অৰ্থ হ'ল যিটো কাম যেতিয়া কৰিব আছিল সেই কামটোক নকৰি পিছত কৰিম বুলি থৈ দিয়া। এনেকোৱা কৰি-কৰি অভ্যাস হৈ যায়। ইয়াৰ শুদ্ধ শব্দ অৰ্থ হ'ল 'আৰম্ভ কৰা'। যেনেদৰে আৰম্ভ কৰা শব্দ মগজুত

আহে তেতিয়া আপোনাক লাগে যে এতিয়া আপোনাৰ যোগ্যতাৰ পৰীক্ষা হ'ব য'ত আপুনি একেলেঠাৰিয়ে আৰু বহুত ভালদৰে চেষ্টা কৰিব লাগিব। আপোনাৰ প্ৰবৃত্তি হ'ব এই কামক পিছত কৰিম বুলি আৰু মনে-মনে ভাৱিব যে এই কামক তেতিয়া কৰিম যেতিয়া আপুনি অলপ বেছি সতৰ্ক হ'ব। কিন্তু দুভাগ্যপূৰ্বে এইটো পিছত কৰিম পিছত কৰিম কামটো

কৰাই নহয়। শেষত আপুনি এদিন পাব যে এই কামটো কৰা হোৱা নাই আৰু আপুনি কৰিব নোৱাৰিম বুলি ভাৱিব। অৰ্থাৎ পিছত কৰিম পিছত কৰিম বুলি আপুনি সেই কামটো নকৰে।

প্ৰথম চৰণঃ- গুৰত্ব নিদিয়া কাৰণ

1. যদি আপুনি ভালদৰে চাই এই গুৰত্ব নিদিয়া প্ৰমুখ কাৰণ পাব যে 'অসফলতাৰ ভয়' বা 'ভয়ে' কোনো কাম নকৰা কাৰণ হয়। এই ভয়ক আপুনি বিভিন্ন ৰূপত লোকোৱালৈ চেষ্টা কৰে। এনেকুৱা বাহানা কৰে যিটো আপোনাক সচাৰ পৰা বহুত দূৰত লৈ যায় আৰু আপুনি সেই বাহানাত নিজৰ ভয়ক লোকোৱাই লয়। কিন্তু ভয়ক বিলম্ব লগত ভয়ক লুকুৱাটো এটা মূৰ্খ কাৰ্য হয়। ইয়াৰ পৰা সচাটো সলনি নহয় কিন্তু আপোনাৰ কামটো আৰু অধিক কঠিন হৈ যায়।
2. সেই স্থিতিত ভয় খোৱা (যেনে কামটো নিজৰ তুলনাত যোগ্যতাতকৈ অধিক ডাঙৰ বুলি) কাৰণ কামটো বহুত বিকট লাগে আৰু যোগ্যতা বহুত সৰু যেন লাগে। উদাহৰণত আপুনি মনত কৰক যে যেতিয়া আপুনি একাদশ শ্ৰেণীত পঢ়িবলৈ আহিছিল তেতিয়া ভাৰিছিল যে আগৰ দুই বছৰ প্ৰৱেশিকা পৰীক্ষা কাৰণে বহুত কষ্ট কৰিব কিন্তু সেই বিশাল কষ্টক দেখি আপুনি সেই কষ্টক গুৰত্ত নিদিয়া ভাল দেখিলে।
3. নিজৰ অন্তিম লক্ষ্যৰ প্ৰতি গুৰত্ব নিদিয়াৰ এটা কাৰণ হয়।
4. আপুনি নিজেই পৰিপূৰ্ণ (সকলো কাম ভালদৰে কৰা) আপুনি আৰম্ভৰ পৰাই সকলো কাৰ্য সম্পূৰ্ণতা বা ব্যৱস্থা ৰূপত কৰিবলৈ ভাৱে, যিটো কেতিয়াঁও নহয়। শেষত আপুনি সেই কামক পিছত কৰিম বুলি ভাৱে কাৰণ আপুনি এতিয়া আপুনি সেই কামৰ কাৰণে প্ৰস্তুত হৈ আছে, অৰ্থাৎ পঢ়াৰ সামগ্ৰী যেনে কিতাপ ইত্যাদি জমা কৰি আছে, দিনৰ কাৰ্য বনাই। কিন্তু আপুনি কামটো আৰম্ভ কৰিব পৰা নাই কাৰণ এতিয়া আপুনি এইটো ভালদৰে কৰিব নোৱাৰে।কাম সম্পূৰ্ণ কৰিব নোৱাৰে।

এবাৰ যদি কাৰ্যক পিছোৱা দিব তেতিয়া এনেকুৱা প্ৰক্ৰিয়া আৰম্ভ হ'ব যে কাম আৰম্ভ হ'ব নোৱাৰিব।

চতুৰ্থ চৰণঃ- কাম নকৰাৰ সমাধান

1. আজিৰ পৰাই আৰম্ভ কৰকঃ পিছত

কাম কৰাৰ এটা সহজ উপায় আছে, যি কাম কৰিব আছে সেই কামক এতিয়াই কৰক। আৰম্ভণি কৰা কাৰণে ইমান জুৰ দিছো কাৰণ কাৰণ যদি আমি সময়ৰ মতে ঠিক প্ৰস্তুতি নকৰো তেন্তে পৰীক্ষা লৈকে পাওঁতে-পাওঁতে ভয়ৰ পৰিবেশ বনি যাব। আপুনি জাহাজত জুইলগা পিছত পেৰাচুটৰ পৰা তললৈ নামিবলৈ শিকাৰ কথা কিয় অপেক্ষা কৰে। আপুনি নিজৰ পঢ়া যিমান সোনকালে আৰম্ভ কৰিব পাৰে আপোনাৰ কাৰণে সিমানেই ভাল হ'ব। কথা কোৱাৰ মতে কালি কেতিয়াও নাহে। যদি আজি *25* ফেব্ৰুৱাৰী তেন্তে আপুনি আজি ৰাতিয়ে ডায়ৰীত লিখি ৰাখিব যে *26* ফেব্ৰুৱাৰী ৰাতিপুৱা *9.30* সময়ত মই পঢ়া আৰম্ভ কৰিম। ইয়াৰ পৰা আপুনি পিছত কৰিম বুলি একো উপায় নাপায়।

আৰু এটা উপায় আছে পিছত কাম কৰিম বুলি কোৱাৰ পৰা। অৰ্থাত ইয়াক কোনো ভাল ঘটনা লগত তুলনা কৰক আৰু যাৰ পৰা আপোনাৰ মগজুয়ে প্ৰেৰণা পায়। ধৰি লোৱা আপুনি এখন ভাল উপন্যাস পঢ়ি আছে, আপুনি এইটো প্ৰস্তুত কৰিব যে এই উপন্যাস খন দুই দিনত শেষ কৰি আপুনি নিজৰ পাঠ পঢ়িবলৈ আৰম্ভ কৰিব। আৰু যেতিয়া উপন্যাস শেষ হ'ব তেতিয়া আপোনাৰ মগজুত এটা ঘন্টা বাজিব যে মেট বা কেট (বা যি কোনো পৰীক্ষা) পৰীক্ষা পঢ়া আৰম্ভ কৰিব লাগে। ইয়াত অলপ পিছত কাম কৰিম বুলি থাকিব কিন্তু ইয়াৰ পৰা আপোনাৰ পঢ়া নিশ্চিত সময় স্পষ্ট হৈ যাব।

2. ইয়াৰ কাৰণক শেষ কৰি দিয়ক- পঢ়াৰ সময় ঠিক কৰা পিছত আনটো কাম হ'ল পঢ়া কাৰ্য কোনো ক্ষেত্ৰত এৰিব নালাগিব। ইয়াৰ কাৰণে আপুনি ইয়াৰ কাৰণ বিচাৰিব লাগিব। ইয়াক এটা-এটা কৰি ভালদৰে চাওঁক।

ক) 'লক্ষ্যত ৰুচিৰ অভাৱ' সমাধান- পিছত কাম কৰিম বুলি কোৱাত এটা গুণতকৈ যে এইটো এটা সত্য উদঘাটিত কৰে যাৰ কাৰণে লক্ষ্য প্ৰাপ্তি কৰিবলৈ ৰুচিৰ অভাৱ হয়। ইয়াৰ কাৰণে নিজকে-নিজেই সুধক

(*i*) কি মোৰ কামটো সম্পূৰ্ণ কৰিবলৈ ক্ষমতা আছে?

(*ii*) কি মোৰ এই কেৰিয়াৰত ৰুচি আছে?

(*iii*) কি মোৰ কাৰণে এই পৰীক্ষা সফলতা হোৱা মহত্বপূৰ্ণ হয়?

এই প্ৰশ্নৰ প্ৰয়োজন এই কাৰণে হয় কাৰণ হ'ব পাৰে যে কেৰিয়াৰত ৰুচি নথকা কাৰণে আপোনাৰ মন বহা নাই। যদি এই সকলো প্ৰশ্নৰ উত্তৰ হয় বুলি হয় তেন্তে সন্দেহৰ কোনো কাৰণ নাথাকে।

খ) নিজক এই কামৰ কাৰণে অক্ষম বুলি ভৱাত আপোনাৰ নিজৰ ব্যৱহাৰ লগত জড়িত থাকে। ইয়াক এনেদৰে আৰম্ভ কৰিব নিজৰ সকলো পিছৰ উপলব্ধি এখন কাগজত লিখিব লাগে। এখন টেষ্ট গ্ৰাফ বনাব আৰু আপুনি নিজৰ উপলব্ধিক ভালদৰে ধ্যান দি চাব। যদি আপোনাৰ গ্ৰাফ লাহে-লাহে ওপৰলৈ উঠে তেন্তে আপোনাৰ পনটো পঢ়াত বহিব আৰু আপোনাৰ আত্মবিশ্বাস বাঢ়িব।

3. কামৰ বিশালতাৰ পৰা ভয়ৰ সমাধান- আপুনি নিজৰ ক্ষমতাৰ ওপৰত সন্দেহ কৰে নেকি, কেৱল কামৰ বিশালতাৰ পৰা ভয় আছে সেই কাৰণে কামক সৰু-সৰু ভাগত ভগাই লওক। কামক আপুনি কামবোৰক মাহ, সপ্তাহ বা দিনৰ লগত ভাগ কৰিব পাৰে। তেতিয়া আপুনি সম্পূৰ্ণ কাম কৰিবলৈ কোনো ধৰণৰ অসুবিধা নহ'ব। কাম সম্পূৰ্ণ কৰা পিছত আপুনি গ্ৰাফ প্ৰস্তুত কৰক আৰু গ্ৰাফত সকলোতকৈ ওপৰত আপোনাৰ সফলতা দেখাব আৰু আপুনি

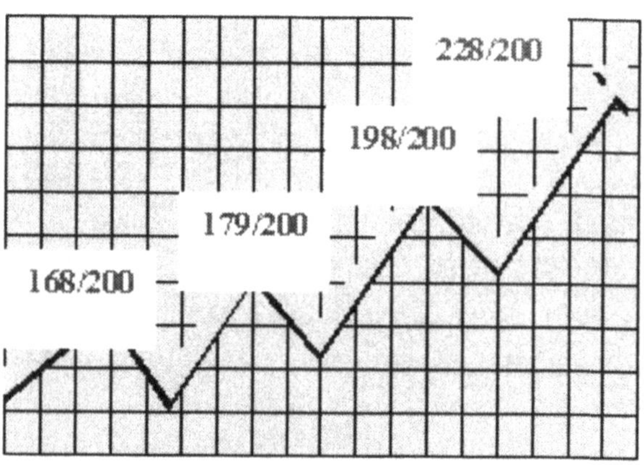

আপোনাৰ উপলব্ধি ওপৰত ভাল লাগিব।

4. সম্পূৰ্ণতাবাদী হোৱাৰ সমাধানঃ- এটা সম্পূৰ্ণ আৰম্ভণি কৰক, কেনেকৈ? অৰ্থাৎ আপুনি এটা এনেকুৱা যোজনা প্ৰস্তুত কৰক যৰ পৰা সকলো পঢ়া ভাল নিয়মেৰে হয়। আপুনি আৰম্ভণিৰ প্ৰথম দিনক 'যোজনা দিৱস' কৰিব লাগিব। ইয়াক আপুনি প্লানিং ডে বা স্টাৰ্ট ডে বুলি ক'ব পাৰি। সেই দিনা বেলেগ কাম নকৰি কেৱল যোজনা প্ৰস্তুত কৰক। আপুনি ইয়াৰ হিচাবত 'চিডুয়েল কেলেন্ডাৰ' বনাব লাগিব। কাম নকৰাৰ কাৰণৰ লগত কাজিয়া কৰিবলৈ শক্তি, কাম সম্পূৰ্ণ কৰাৰ ইচ্ছাশক্তি সেইটো শক্তি হয়। কেৱল তাৰ ৰিজালটৰ পৰা ভয় নাখাব, কাম কৰিব লাগিব। আপোনাৰ হাতত ৰিজাল্ট নাই কিন্তু আপুনি চেষ্টা কৰিব পাৰে। আমি আমাৰ এই ইচ্ছা শক্তিক ভালদৰে প্ৰয়োগ কৰিব লাগিব।

পেৰাচুটত দ্ৰাইভিং তেতিয়ালৈকে নিশিকে যেতিয়ালৈকে জাহাজত জুই লাগি নাযায়।

তেন্তে ইয়াৰ কাৰণে এতিয়াই নিজৰ 'স্টাৰ্ট ডে' নিৰ্ধাৰিত কৰক- হোৱাৰ আগত এই কামটো সম্পূৰ্ণ কৰক। আপুনি দেখিব যে সফলতা আপোনাৰ ওচৰতে আহিব। মোৰ শুভকামনা থাকিল।

❑

অসফলতাৰ কাৰণ ঋণাত্মক অপেক্ষা
(Negative Experancy)

প্ৰথম চৰণঃ- প্ৰথমে এইটো ব যে ঋণাত্মক অপেক্ষা কি হয়?

ঋণাত্মক অপেক্ষাৰ অৰ্থ হ'ল মগজুয়ে সদায় বিপাৰীত ফালে ভৰা। সদায় আপুনি এইটো ভাৱে যে আপুনি সফল কেতিয়াঁও হ'ব নোৱাৰে। পৰীক্ষাৰ প্ৰস্তুতি আগতে বা পৰীক্ষা সময়ত আপোনাৰ মনটো এনেকুৱাই হৈ যায়।

দ্বিতীয় চৰণঃ- ঋণাত্মক অপেক্ষাৰ লক্ষণ বিচৰা।

যদি ইয়াক চিনি পাই যায় তেন্তে আপুনি যুদ্ধত জয় হৈ যায়। তেন্তে ইয়াৰ লক্ষণ কি হয়?

1. **কাম নকৰা পূৰণা অভ্যাসঃ** অৰ্থাৎ সেই অভ্যাস যাৰ কাৰণে কামৰ বহুত চিন্তা হোৱাৰ পিছতো আপুনি কাম আৰম্ভ কৰিব নোৱাৰে, আপুনি এই কামৰ কাৰণে সক্ষম হ'ব নোৱাৰে।

2. **হীন ভাৱনাঃ-** আপুনি এনেদৰে থাকে যে আপুনি নিজকে ভাৱে যে আপোনাৰ লগত আনৰ দৰে যোগ্যতা নাই। আপোনাক সদায় লাগে

যে আপোনাৰ লগত উচিত ক্ষমতাৰ অভাৱ আছে। আপুনি ভালদৰে পঢ়া পিছতো আপোনাৰ এইটো ভয় লাগি থাকে যে আপুনি প্ৰশ্ন উত্তৰ ভালদৰে দিব পাৰিব নে নোৱাৰে।

3. যেতিয়া পৰা পৰীক্ষা প্ৰস্তুতি আৰম্ভ হয় তেতিয়া পৰাই আপোনাৰ এলেহুৱা আপোনাৰ লগত অধিক হৈ যায়। এইটো এটা ঋণাত্মক অপেক্ষা ডাঙৰ লক্ষণ হয়। আপোনাক সদায় লাগে যে আপুনি বিছনাত শুই থাকে আৰু একো কাম কৰিব মন নাযায়। অকলে থকাটো বহুত সুবিধাজনক লাগে।

হীনতাৰ ভাৱনা আৰু আলস্য হোৱাটো ঋণাত্মক অপেক্ষা স্পষ্ট লক্ষণ হয়।

তৃতীয় চৰণঃ- কোনবোৰ ব্যক্তিয়ে ঋণাত্মক অপেক্ষাৰ সহজে স্বীকাৰ হয়?

ভাবুক ব্যক্তিবোৰ ইয়াৰ সহজে স্বীকাৰ হয় আৰু হৃদয় পৰা বেছি কাম কৰে। ঋণাত্মক অপেক্ষা ব্যক্তিবোৰৰ মস্তিষ্ক 'চিধা ভাগ' বেছি প্ৰয়োগ হয়। সিহঁতে সহজে স্থিতিৰ পৰা প্ৰভাৱিত হৈ যায় আৰু হীন ভাৱনাত সোনকালে গ্ৰসিত হৈ যায়।

চতুৰ্থ চৰণঃ ঋণাত্মক অপেক্ষাৰ সমাধান

এইটো ঋণাত্মক অপেক্ষা তেতিয়া বেছি হয় যেতিয়া আপুনি অকলে থাকে বা দিনত কাম কৰি ভাগৰি যায়। তেন্তে ইয়াৰ পৰা মুক্তি পাবলৈ কি উপায় আছে?

হাঁহক যেতিয়া আপুনি পঢ়িবলৈ বহে

1. হাঁহিঃ- হয়! যেতিয়া আপুনি অকলে থাকে বা কোনো কাম কৰিব লয় তেতিয়া আপুনি হাঁহি কাৰ্য আৰম্ভ কৰিব লাগে। আপোনাৰ এই হাঁহিয়ে ঋণাত্মক গুণক অতৰাবলৈ বহুত সহায় কৰে।
2. যেতিয়া আপুনি এনেকুৱা অনুভৱ কৰে তেতিয়া আপুনি দীঘলকৈ উশাহ ল'বলৈ আৰম্ভ কৰি দিব। আপুনি দেখিছে বোধহয় চিন্তাত থকা বেছিভাগ ব্যক্তিয়ে সোনকালে-সোনকালে উশাহ ল'বলৈ ধৰে। এই উশাহে মগজুৰ অস্কীজেন কম কৰি দিয়ে, যৰ পৰা ঋণাত্মক অপেক্ষা বাঢ়ি যায়। কিন্তু যেতিয়া আপুনি প্ৰাণায়মৰ দ্বাৰা বা সাধাৰণ ৰূপত দীঘলকৈ উশাহ লয় তেতিয়া মগজুয়ে সোনকালে অস্কীজেন পায় আৰু ঋণাত্মক ভাৱনা কম হৈ যায়।
3. দৌৰা-দৌৰী কৰিব লাগে। হয়, এনেকুৱাত দৌৰা-দৌৰী এটা ভাল উপায় হয়। যেতিয়া আপুনি বহুত চিন্তাত থাকে বা কিবা কথা ভাৱি থাকে বা আনৰ তুলনাত আপুনি পিছত পৰি গৈছে তেতিয়া আপুনি দৌৰা জোতা পিন্ধিব আৰু *15-20* মিনিট দৌৰিব লাগে, আপুনি তেতিয়ালৈকে ঘৰত নাহিব যেতিয়ালৈকে আপোনাৰ শৰীৰটো গৰম হৈ নাযায়। তাৰ পিছত আপুনি পঢ়া আৰম্ভ কৰি দিব লাগে। আপুনি মনত বহুত ভাল অনুভৱ কৰিব। *10* মিনিটমান খট-খটী উঠা-নমা কৰিলে বহুত ভাল হয়।
4. ঋণাত্মক অপেক্ষাৰ প্ৰবৃত্তি বহুত পূৰণা হৈ গ'ল যদি ইয়াৰ নতুন বুদ্ধি প্ৰাপ্ত কৰা হয়। এইটো বুদ্ধি বা দক্ষতা প্ৰয়োজন নহয় যে আপোনাৰ অধ্যয়নৰ লগত সম্বৰ্ধিত হ'ব। এইটো আপোনাৰ কোনো হবী বা মন পছন্দ খেল হ'ব পাৰে। এইটোৱে আপোনাক বিশ্বাস দিয়ে যে আপোনাৰ লগত বহুত শক্তি আছে আৰু আপুনি সকলো কাৰ্য কৰিব পাৰিব।

5. আপুনি একো কাৰ্য কৰিব নোৱাৰো বুলি কোৱা অভ্যাসটো সলনি কৰিব লাগিব। এই এইটো ক'বলৈ দিয়া নাই যে মই সকলো কাৰ্য কৰিব পাৰো বুলি ক'বলৈ। ধৰি লওক যে আপুনি এই বুলি কয় মই কেতিয়াও সাঁতুৰিব নোৱাৰো। তেন্তে এই কথাটো বাহিৰে আপুনি এই বুলি ক'ব যে যদি মই সাঁতুৰ শিকিবলৈ যাওঁ তেন্তে মই বহুত ভালদৰে সাঁতুৰিব পাৰিম বা মই এই ফৰ্মূলাটো মনত ৰাখিব নোৱাৰো তাৰ সলনি এই বুলি ক'ব যে মই এনেদৰে পঢ়িম এই ফৰ্মোলাটো কেতিয়াও পাহৰি যাব নোৱাৰো।

'মই কৰিব নোৱাৰো' "মই কৰিব পাৰো" এনেকৈ কলে আপুনি নিজৰ ঋণাত্মক অপেক্ষাক যোগাত্মক অপেক্ষালৈ আনিব পাৰে।

এই যোগাত্মক ভাৱনাই আপোনাৰ ঋণাত্মক প্ৰবৃত্তিক শেষ কৰি দিব আৰু আপোনাৰ কাৰণে সকলো কাম কৰিবলৈ সম্ভৱ হৈ যাব।

❑

অসফলতাৰ কাৰণঃ প্ৰথমৰ পৰাই ভাৱি থোৱা বাহানা

(Presumptive Excuse)

কি আপুনি এনেকুৱা ব্যক্তিৰ লগত কথা পাতিছে, যিবোৰ ব্যক্তিয়ে জীৱনত সাধাৰণতে অসফল হৈ আহিছে। যদি কথা পাতিছে তেন্তে এটা কথা শুনিছে, বাহানা। পৰীক্ষাত অসফল হোৱা বোৰৰ এইটোৱে বাহানা থাকে। সিহঁতে নিজৰ বাহিৰে আন সকলোক দোষী বুলি কয়, কিয়? এনেকুৱা এই কাৰণে হয় মানুহে নিজক নিজেই দোষ দিবলৈ অসুবিধা হয়। এইটো ক'বলৈ সাহস লাগে, যাৰ লগত এইটো সাহস আৰু চৰিত্ৰ থাকে, তেওঁ কেতিয়াও জীৱনত অসফল নহয়।

কিন্তু পৰীক্ষা দিয়াৰ আগতে বাহানা বনোৱাৰ অৰ্থ কি হয়?

আপুনি আচৰিত হ'ব কিন্তু আপোনালোকৰ ভিতৰত বেছিভাগে এনেকুৱা কৰে। এই অনুমানিত বাহানাই আপোনাৰ সফলতাক দূৰত লৈ যায়।

চৰণ 1ঃ- প্ৰথমৰ পৰাই ভাৱি থোৱা বাহানা কি হয়?

ইয়াক বুজিবলৈ প্ৰথমে সেই উত্তৰত বিচাৰ কৰিব যিলোকে প্ৰায়ঃ নিম্নলিখিত প্ৰশ্নৰ সলনি দিয়েঃ- যেনে

আপোনাৰ সফলতাৰ কিমান আশা আছে বা আপোনাৰ প্ৰস্তুতি কেনেকুৱা হৈছে? ইত্যাদি

প্ৰায়ঃ আপুনি ক'ব যে *50-50* সুযোগ আছে বা প্ৰস্তুতি ঠিকেই আছে। কিন্তু সচাই *50-50* সুযোগ আছে বা প্ৰস্তুতি ঠিক আছে? যদি এনেকুৱা হয় তেন্তে আপুনি বেছি কষ্ট কৰিব লাগিব। কিন্তু প্ৰায়ঃ আপুনি এনেদৰে উত্তৰ দিয়ে তেন্তে আপোনাৰ প্ৰস্তুতি বহুত ভাল হয় আৰু সফলতা হ'বলৈ বহুত সম্ভাৱনা থাকে।

তেন্তে কিয় মানুহে এনেকৈ কয় *50-50* বা ঠিক-ঠাক আছে?

কেৱল আপুনি এই কাৰণে এনেকৈ কয় কাৰণ আপুনি আগত গৈ ভাল প্ৰদৰ্শন দিব নোৱাৰে তেতিয়া আপোনাৰ হাঁহি উৰাব যে *90%* কথা কৈছিল আৰু কেৱল *70%* পালে বা টপ মেডিকেল কলেজৰ কথা কৈছিল আৰু কতো চিট নাপালে। ইত্যাদি। এই স্থিতি পৰা বাচিবলৈ আপুনি প্ৰথমৰ পৰাই বাহানা মাৰিব ধৰে। আপুনি মগজুত ৰাখে যে এই মিচা কা নিজৰ মিত্ৰক বা মা-দেউতাৰ কাৰণে কৈছে, এনেকুৱা মিচা কথা কলে একো নহয় আৰু নিজৰ মনত ভাৱি আছে যে ইয়াত কোনো অসুবিধা নাই।

কিন্তু সমস্যা এইটো হয় যে আপুনি যি কলেও, আনটো অস্তিত্ব, লাহে-লাহে বিশ্বাস কৰিব ধৰে। সেইটো আপোনাৰ মগজু হয় আৰু যেতিয়া মগজুৱে *50-50* বা ঠিক-ঠাক বুলি শুনে তেতিয়া মগজুৰ প্ৰেৰণা শক্তি কম হ'বলৈ ধৰে। বোধহয় আপুনি জকৰ কথা শুনা নাই। এই

জন ব্যক্তি হিটলাৰৰ মেডিয়া মেনেজাৰ আছিল, যিজনে কৈছি "এটা মিচা কথা যদি হাজাৰ বাৰ কোৱা হয় তেন্তে সেই মিচা কথাটোক সচা বুলি মানে।"

অৰ্থাত যদি বাৰে-বাৰে এটা কথা কোৱা হয় তেন্তে সচা বুলি ধৰিব লগা হয়। যেনে আপুনি বিজ্ঞাপনৰ প্ৰভাৱ দেখো। সেই কাৰণে আপোনাৰ মগজুৱে এইটোৱে মানিব ধৰে যে আপোনাৰ সফলতা সম্ভাৱনা *50-50* আছে আৰু আপোনাৰ প্ৰস্তুতি ঠিক-ঠাক হয়।

চৰণ 2ঃ- ভাৰি চোৱা বাহানাৰ পৰিণাম?

এই ভাৰি থোৱা বাহানাই আপোনাৰ মগজুত দুই প্ৰকাৰে প্ৰতিক্ৰিয়া কৰে-

1. সকলোতকৈ প্ৰথমে সিহঁতে মগজুৰ কাৰ্যশক্তি কম কৰি দিয়ে কাৰণ মগজুয়ে একো কাম কৰিব নোৱাৰে।
2. এইটোৱে আপোনাৰ প্ৰেৰণা শক্তি কম কৰি দিয়ে যাৰ দ্বাৰা আপোনাৰ ধাৰণা শক্তি (স্মৃতি শক্তি) কম হ'বলৈ ধৰে আৰু এম.চী.কিয়ু. পৰীক্ষাত শুদ্ধ উত্তৰ দিব নোৱাৰে (*10* শতাংশ মান কম নম্বৰ আহে)।

তৃতীয় চৰণঃ- এই সমস্যাৰ পৰা কেনেদৰে বাচিব?

যদি আপুনি মানে যে অহংকাৰী সফল ব্যক্তি হোৱা প্ৰবৃত্তি অসফল ব্যক্তি হোৱাতকৈ বেছি ভাল হয় তেন্তে আপুনি সকলোতকৈ

প্ৰথমে এই মিচা কথা বা বা[illegible] মৰা এৰি দিব লাগিব আৰু আপুনি সত্য পথত আহিব লাগিব। সামাজিক তিৰস্কাৰ বা ধেমালীৰ কেন্দ্ৰ বনিবৰ কাৰণে ভয় নাখাব।

> মই..........হ'ব বিচাৰো এই লক্ষ্য প্ৰাপ্ত কৰিবলৈ মই বহুত চেষ্টা কৰিম মোৰ সফলতা সুনিশ্চিত আছে মোক ৰাস্তাত কোনেও বাধা দিব নোৱাৰে।

মই জানো মই কি বনিব বিচাৰো তেন্তে এইটো মই আনৰ আগত কিয় লুকুৱাব লাগে?

কিন্তু ইয়াক কেনেদৰে কৰিব? সহজ হয়। নিজৰ ভাৱনাক আৰু কষ্টক বিষয়ে সকলোৰে আগত কওক। এইটো নকৰিব যে আপুনি বাতৰি কাকতত বিজ্ঞাপন দি কিন্তু ইয়াক আনৰ আগত লুকুৱাৰ কোনো প্ৰয়োজন নাই। কিন্তু এই কাৰ্য কেনেদৰে কৰিব?

2 ফীট × *1* ফীটৰ কাগজৰ টুকুৰা ল'ব। তাত ভালদৰে লিখিব "মই ....বনিব বিচাৰো" তাৰ পিছত নিজৰ আত্মবিশ্বাসৰ পৰা নিজৰ চেষ্টাৰ চৰ্চা কৰক। শেষত নিজৰ সফলতাৰ সুযোগ লিখিব, যেনে "মই প্ৰৱেশিকা পৰীক্ষাত নিশ্চিত ৰূপত সফল হ'ম"। বা এই পৰীক্ষাত মই সফল হ'বলৈ *100%* সম্ভৱনা আছে।

এই বোৰ্ডক আপুনি অধ্যয়ন কৰা ৰুমত এনেদৰে লগাই দিব যে ইয়াক সকলোৱে দেখি পায়। যেতিয়া আপুনি নিজৰ লক্ষ্য স্পষ্ট কৰে, তেতিয়া আপোনাৰ মগজুৰ পৰা এই বাহানা শেষ হৈ যায় আৰু আপুনি সহজে সফলতা পাবলৈ ধৰে।

❑

অসফলতাৰ কাৰণ, বিচলিত হোৱা
(Deviations)

শিক্ষাৰ যুদ্ধ ক্ষেত্ৰত বিচলিত হোৱাটো এটা বহুত ডাঙৰ শত্ৰু বুলি মানে কাৰণ এইটোৱে নুকোৱাকে লাহে-লাহে আহে আৰু আপোনাৰ পঢ়াৰ 33% সময় নষ্ট কৰি দিয়ে।

প্ৰথম চৰণঃ- বিচলিত প্ৰকাৰক জানিব লাগিব, বিচলিত দুই প্ৰকাৰৰ হয়-

অনুভৱ যোগ্য বিচলিতঃ অৰ্থাৎ এইটো বিচলিত এনেকুৱা হয়, যাৰ বিষয়ে আপুনি জানে কিন্তু বিচাৰিলেও তাৰ পৰা দুৰত যাব নোৱাৰে কাৰণ সেইটো আপোনাৰ বহুত প্ৰিয় হয়ঃ- যেনে

ক) গেজেটচঃ-টেলিফোন, এচ.এম.এচ. আৰু নেট চেটিং ইত্যাদি এটা অভ্যাস লৈ লয় যাক আপুনি এৰি দিব নোৱাৰে। বহুত ভাল ব্যক্তিৰ কেৰিয়াৰ বেয়া হৈ গৈছে।

খ) সামাজিক ক্ৰিয়া-কলাপঃ- আন ব্যক্তিৰ লগত লগ কৰা, সামাজিক সমাৰোহ, মিত্ৰতা ইত্যাদি আপুনি সিহঁতৰ লগত থাকি সময় নষ্ট কৰিছে আৰু লগতে পঢ়াৰ সময় সিহঁতৰ কথা ভাৱি থাকে।

গ) শক্তিৰ অভাৱঃ- আমাৰ ধ্যান বিচলিত হোৱা এটা মুখ্য কাৰণ হয় আমাৰ মগজুয়ে ভালদৰে শক্তি নোপোৱা। শক্তিৰ স্তৰত অস্কীজেন কম হোৱা কাৰণে বিচলিত আৰু বাঢ়ি যায়। এইটো বহুত প্ৰকাৰৰ হয়ঃ

(*i*) শাৰীৰিক শক্তি- বহুত কষ্ট কাৰ্য কৰা কাৰণে

(*ii*) মানসিক শক্তি কম হোৱা কাৰণে অব্যৱস্থাৰ কাৰণে পৰীক্ষাৰ

(*a*) অব্যৱস্থা বা সম্পূৰ্ণ ৰূপত অব্যৱস্থিত হোৱা

(*b*) পৰীক্ষা কাৰণে হোৱা চিন্তা

(*c*) আনৰ লগত তুলনা কৰা

(*d*) অপ্ৰিয় বেয়া পৰিৱেশ

(*iii*) ভাৱনাত্মক কাৰণৰ কাৰণে শক্তি কম হোৱাঃ এই মুখ্য কাৰণ থাকে যেনে ঘৰৰ ব্যক্তি লগত কাজিয়া কৰা

(*iv*) মগজুৰ ৰূপত ভাগৰি যোৱাঃ একেলেঠাৰিয়ে বহুত সময়লৈকে পঢ়া।

(গ) টি.ভি. বা ৰেডিঅ ঘৰত বাচিলে আপোনাৰ পঢ়াৰ পৰা ধ্যান আতৰিব।

2. **বহুত অস্পষ্ট, অসুবিধাত অনুভৱ কৰা বা অবচেতনৰ বিচলিতঃ**

এইটো সেই ধৰণৰ বিচলিত হয় যিটোৱে আপুনি হোৱা কাৰণে অবচেতনত সোমাই যায় আৰু তাৰ পৰা আপোনাক বিচলিত কৰি থাকে। আপুনি ভাৱে যে আপুনি *3-4* ঘন্টা পঢ়িলে কিন্তু আপোনাৰ অধিক সময় দিনত সপোন দেখোতে যায়। যেনে নিজৰ মিত্ৰ বা গাৰ্লফ্ৰেন্ডৰ বিষয়ে বা কোনো এটা ভাল পাৰ্টিৰ কল্পনা কৰি বা কেনো উৎসৱত পিন্ধিব বাবে এটা ভাল ড্ৰেছৰ বিষয়ে ভাৱি।

দ্বিতীয় চৰণঃ- বিচলিত দূৰ কৰিবলৈ উপায়ঃ

1. **'ইডিয়েট বস্ক'** :- টি.ভি. আপুনি ইডিয়েট বকস বুলি ক'ব পাৰি। বিচলিত কৰা কাৰণে টি.ভি. এটা মুখ্য হয়। আপুনি নিজৰ প্ৰিয় প্ৰগ্ৰেম চাবলৈ টী.ভী. আগত বহে। টি.ভি. কিবা হলেও প্ৰগ্ৰেম দি

থাকে। আপুনি ৰিমটৰ পৰা চেনেল সলনি কৰে। এটা চেনেলৰ পৰা আনটো এইটো গম নাপায় যে আপোনাৰ সময় কিমান নষ্ট হৈ গ'ল। আপুনি ইয়াৰ পৰা বাচিবৰ কাৰণে আপুনি টি.ভি. চোৱা সময় প্ৰস্তুত কৰিব লাগিব।

নিজৰ ফোন আৰু নেটৰ ব্যৱহাৰ চাই-চিতি কৰিব, পঢ়াৰ সময়ত ফোনক চাইলেন্টত ৰাখিব। যেতিয়া **2-4** ঘন্টা পঢ়াৰ পিছত আৰামত বিচনাত শুই মিচ কল আৰু এচ.এম.এচ. চাই ল'ব আৰু তাৰ পিছত তাৰ উত্তৰ দিব। এনেধৰণে আপুনি ব্ৰেক পাই যাব আৰু সকলোৰ লগত কা-বতৰা হৈ যাব, নহলে আপুনি প্ৰত্যক **15** মিনিট পিছত বাধা আহিব পাৰে।

ইন্টাৰনেটক এটা টি.ভি. দৰে ভাৱিব। এইটো কেতিয়াও নকব যে **1** মিনিট পিছত মই নেট বন্ধ কৰি দিম। **1** মিনিট **10** মিনিট বা ঘন্টা কেতিয়া হৈ যাব আপুনি গম নাপাব। এইটো ভাল হ'ব যে আপুনি নেটৰ কাৰণে এলাৰ্ম লগাব লাগে যেতিয়া এলাৰ্ম বাজিব তেতিয়া নেট বন্ধ কৰি দিব লাগে।

2. মানা কৰিবলৈ শিকিব লাগে, সেই মানুহৰ লগত বা সেই কাৰ্যৰ পৰা বাচিব য'ত আপোনাৰ সময় নষ্ট হয়। লাগিলে সেইটো আপোনাৰ ঘৰৰ কাৰ্য হয় বা সমাজৰ কাৰ্য।

3. নিজৰ পঢ়া টেবুল খন ভালদৰে ৰাখিব লাগে- যেনে পঢ়াৰ পৰা ধ্যান আতৰোৱা বস্তু যেনে ফটো, ঘড়ী আদি পঢ়া টেবুলৰ পৰা আতৰাই দিব লাগে। অৰ্থাৎ সেই সকলো বস্তু যিয়ে আপোনাৰ পঢ়াৰ পৰা ধ্যান অতৰাব

পাৰে।

4. কেতিয়াবা-কেতিয়াবা যেতিয়া আপুনি পঢ়ি-পঢ়ি বিচলিত হ'ব ধৰে আৰু এনেকুৱা বাৰে-বাৰে হয় তেন্তে তাৰ পৰা বাচিবৰ কাৰণে আপুনি যি বিষয় পঢ়ি আছে তাৰ শেষ পাঠটো পঢ়ি পঢ়া বন্ধ কৰি দিব লাগে আৰু ভাৱিব যে এই পাঠটোৰ পৰা আপুনি কি বুজিলে আৰু কি মনত ৰাখিব পাৰিলে। লগে-লগে আপুনি গম পাব যে আপুনি বেছি বুজি পোৱা নাই আৰু আপোনাৰ মনটো বিচলিত হ'ল।

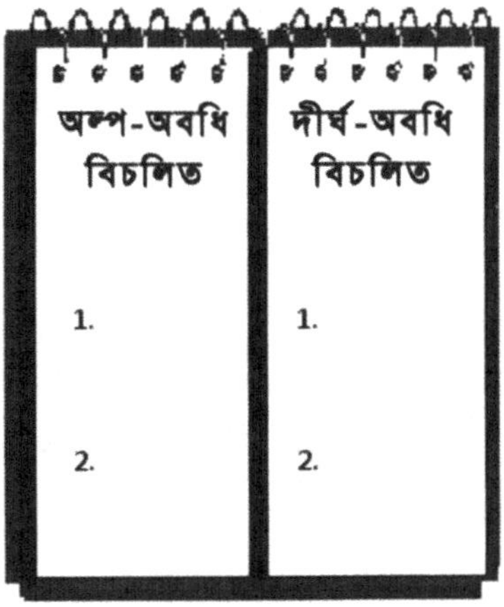

অ) ইয়াৰ এটা ভাল উপায় হ'ল বিচলিত ভজক *(Deviation Blaster)*। এইখন এখন ডায়েৰী হয় য'ত দুটা ভাগ আছে (*1*) অল্পবধি বিচলিত, (*2*) দীৰ্ঘবধি বিচলিত। দীৰ্ঘবধি বিচলিত সেইবোৰ হয় যেনে ৰিলিজ হ'ব লগীয়া ছিনেমা বা হ'ব লগীয়া পাৰ্টি ইত্যাদি।

SUCCESS

'বিচলিত ভজকঃ যদি বিচলিত হোৱা কাৰণ লিখি লয় তেন্তে আপোনাৰ মগজু বিচলিত হোৱা পৰা বাচিব যাব।

যেতিয়া আপোনাৰ পঢ়া সময়ত মগজুত কিবা বিচলিত হ'ব লগীয়া কথা আহে তেতিয়া আপুনি সেই বিচলিত কথাখিনি এখন ডায়ৰীত লিখি দিব, আৰু লগতে এইটো লিখি দিব যে কালি আপুনি সেই কামটো সম্পূৰ্ণ কৰিব।

এই সকলো ব্যৱহাৰ তত্ত্ব আধাৰ বৈজ্ঞানিক হয়। আমাৰ মগজুত এটা চিন্তা থাকে যিটো কাম সম্পূৰ্ণ হোৱা নাই। উদাহৰণত যদি আপুনি কোনো এটা পাৰ্টি দিব আছে আৰু আপোনাৰ পঢ়া সময়ত সেই পাৰ্টিৰ বিষয়ে মনত আহিব যে আপুনি পাৰ্টিত কি ড্ৰেচ পিন্ধিব বা মই কাৰোবাক মাতিব পাহৰি যাম নেকি ইত্যাদি। যদি আপুনি সেই সকলোবোৰ এখন ডায়ৰীত লিখি যায় তেন্তে আপোনাৰ মগজুয়ে শান্তি পাব আৰু এনেধৰণে কৰিলে আপুনি পঢ়াৰ পৰা বিচলিত হোৱা পৰা বাচিব।

❑

পৰীক্ষাৰ চিন্তা আৰু ভয়

(Exam Panic)

ছাত্ৰৰ মা-দেউতাই প্ৰায়ঃ এইটোৱে ভাৱে যে ভাগৰ আৰু চিন্তা আজি দিনৰ এটা ডাঙৰ সমস্যা হয়। প্ৰশ্ন এইটো হ'ল যে ইমান ভাগৰ আৰু চিন্তা সচা বহুত বেয়া হয়? কি ইয়াৰ পৰা বাচিব পাৰি নে?

মোৰ বিচাৰত ভাগৰ এটা উপযোগী প্ৰতিক্ৰিয়া হয়, কিছুমান স্থিতিত। ইয়াক আজিৰ দিনত বেয়া বুলি কয় কেৱল আমাৰ নিজৰ ভুলৰ কাৰণে। যি মা-দেউতাই কয়- "হে ভগৱান" বেচেৰা কিমান চিন্তাত কাম কৰি আছে। সিহঁতে অনুভৱ কৰিব লাগে যে এই ভাগৰৰ বিনাত তেওঁৰ শিশু সফল হ'ব নোৱাৰে। কাৰণ শৰীৰ আগত যিকোনো কাম যেতিয়া আহে তেতিয়া মনত ভাগৰ উৎপন্ন হয়, লাগিলে কামটো ভাল হয় অথবা বেয়া হয়। এইটো হ'ব পাৰে যে কোনো ভাল ছিনেমা বা ভাৰত আৰু পাস্কিস্তানৰ মাজত হোৱা খেল চাবলৈ চিন্তা হৈ যাব পাৰে।

> **LOOK**
> চিন্তা হোৱাটো বেয়া নহয়- পৰীক্ষা কাৰণে এইটো বহুত প্ৰয়োজন হয়।

চিন্তা সাধাৰণতে শৰীৰৰ কাজিয়া কৰা বা অতৰাই দিয়া প্ৰতিক্ৰিয়াৰ এটা ভাগ হয়। যেতিয়া কোনো কাম আগত আহে তেতিয়া চিন্তাৰ কাৰণে এড্ৰেনালিনৰ স্তৰ বাঢ়ি যায়, যাৰ পৰা শক্তি স্তৰ বাঢ়ি যায়, শক্তি আৰু ৰিফলেস্কিং প্ৰতিক্ৰিয়া বৃদ্ধি হয়। ইয়াৰ পৰা

আমাৰ একাগ্ৰতা আৰু শিকাৰ ক্ষমতা ঠিক হয়। আপুনি অনুভৱ কৰিব পাৰে যে পৰীক্ষাৰ কাৰণে এইসকলোবোৰ কিমান মহত্বপূৰ্ণ হয়।

প্ৰথম চৰণঃ- যেনে প্ৰত্যক 'অতি' জীৱনত দুষ্টভাৱ পৰে। চিন্তাৰ অতিৰ হানিকাৰক প্ৰভাৱ পৰে। প্ৰশ্ন এইটো হয় - আজি দিনত ডেকা বৰ্গৰ আগত এই চিন্তা ইমান কিয় বিৰুধ হয়? মইটো ইয়াক নিজৰ সমাজৰ জোখমাখ বুলি কম। এফালে মা-দেউতাই নিজৰ শিশুক এই প্ৰতিযোগীতাৰ দিনত সকলোতকৈ ওপৰত দেখিব বিচাৰিছে, আৰু আনফালে কষ্টৰ পৰা আতৰাই ৰাখিবও বিচাৰে।

> যদি চিন্তাৰ দ্বাৰা উৎপন্ন হোৱা শক্তি ভালদৰে প্ৰয়োগ নকৰে তেন্তে সেইটো পৰীক্ষা সময়ত ভয় বা পেনিক হ'ব।

এইটো কেনেকৈ সম্ভৱ হ'ব? সত্য এইটো হয় যে যি শিশুয়ে ডাঙৰ আশা + অতি সুৰক্ষাত্মক মাপদন্ডৰ সন্মুখীন কৰে, সিহঁতে সাধাৰণতে এই চিন্তাৰ শিকাৰ হয় আৰু পৰীক্ষা সময়ত চিন্তা আৰু ভয় নাম দি দিয়ে।

দ্বিতীয় চৰণঃ- পৰীক্ষা ভয়ৰ লক্ষণক চিনি পাওক

এই পেনিক ডিচঅৰ্ডাৰৰ লক্ষণ বহুত অস্পষ্ট ৰূপত বিদ্যমান হ'ব পাৰে। এইটো সাধাৰণতে বৃদ্ধলোকে কৰা ধেমালীৰ পৰা বাচিবৰ বাবে সকলো ধৰণৰ চেষ্টা কৰা হয় যিটোৱে সিহঁতক দূৰ্বল বুলি কয়। এইবোৰ বুলি মাতি সিহঁতক লাজ দিয়া হয়।

প্ৰাৰম্ভিক লক্ষণ এনেদৰে হয় যেনে কোনো চিন্তা কাৰণত হয়, যেনে প্ৰথম বাৰ আপুনি ষ্টেজত গৈছে। পেটত কিবা-কিবি হোৱা, ভয় লগা আৰু মনত বহুত ভয় লগা।

বেছি অধিক তীব্ৰ 'পেনিক এটেকৰ' লক্ষণ- শৰীৰত ঘাম উলোৱা, দূৰ্বলতা অনুভৱ কৰা, মূৰ ঘূৰোৱা বা হৃদয়খন ভয় খোৱা। পিছত হাতখন কপী উঠা আৰু শেষত গোটেই শৰীটো কপী উঠে।

অতি স্থিতিত ভুকু বিষ, কিবা বেলেগ ধৰণৰ লগা আৰু ওচৰত বিপদ আছে বুলি অনুভৱ কৰা। কেতিয়াবা-কেতিয়াবা এনেকুৱা অনুভৱ কৰা যেনে হৃদয়খন বন্ধ হৈ গৈছে আৰু মগজুয়ে কাম কৰা বন্ধ কৰি দিছে।

তৃতীয় চৰণঃ এই পেনিক-আঘাটৰ নিবাৰণ

1. **সাধাৰণ সাৱধানতাঃ-** কোনো ডাঙৰ পৰীক্ষা আগতে প্ৰত্যেকটো ছাত্ৰৰ পৰীক্ষা আগত পেটত গুল-গুল অনুভৱ কৰে। কিন্তু আপুনি কল্পনা কৰি ল'ব যে আপোনাৰ প্ৰফেচাৰে আপোনাক কৈ দিলে যে আপুনি যি প্ৰদৰ্শন কৰিলেও আপোনাক এ পালাচ দিব, তেতিয়া আপুনি বিনা চিন্তাত পৰীক্ষা দিব আৰু ভাল প্ৰদৰ্শন কৰিব কাৰণ আপোনাৰ মনত অসফলতাৰ কোনো ভয় নাথাকিব। এটা উপায় আছে আপুনি যি প্ৰস্তুতি কৰিছে তাৰ ওপৰত সম্পূৰ্ণ আত্মবিশ্বাস ৰাখিব।
2. **ঋণাত্মক অভিপুষ্টিকৰণঃ** সকলো ঋণাত্মক ভাৱনাক নিজৰ মনত আহি থকা সকলোবোৰক নিজৰ মনৰ পৰা আতৰাই দিব লাগে। ইয়াৰ বাহিৰে আপুনি ধনাত্মক বিচাৰ আনিব যেনে মোৰ বিশ্বাস আছে, 'মই যি পঢ়িছো এই সকলোবোৰ মোৰ মনত আছে' আৰু মই স্পষ্ট ৰূপ পাইছো যে 'মই এই পৰীক্ষা কাৰণে ভালদৰে প্ৰস্তুতি কৰিছো'।

(3) পৰীক্ষাৰ সময়ত টিপচ্ঃ

তলত দিয়া টিপ্‌চ মনত ৰাখিবঃ

(i) যদি কোনো প্ৰশ্ন বুজি পোৱা নাই তেন্তে সেই প্ৰশ্নক এৰি দিব আৰু যিটো প্ৰশ্ন-উত্তৰ ভালদৰে জানে, সেই প্ৰশ্নক প্ৰথমে কৰিব। যদি শেষত সময় পায় তেন্তে সেই নজনা প্ৰশ্ন কৰিবলৈ চেষ্টা কৰিব।

(ii) যদি বাৰে-বাৰে ধ্যান আতৰে বা একেবাৰে কেন্দ্ৰিত কৰিব নোৱাৰে তেন্তে অলপ সময় কাৰণে চকু বন্ধ কৰি দিব আৰু নিজৰ উশাহক এটা ব্যৱস্থিত লয় প্ৰদান কৰিব। এইটো কৰিলে ভালদৰে উশাহ লব পাৰিব আৰু আপুনি ভালদৰে অকসীজেন পাব আৰু ভাবিবলৈ শক্তি পাব।

(iii) কোনো ডাঙৰ পৰীক্ষা আগত ভালদৰে সুব লাগে।

(iv) মনত ৰাখিব 'মুখস্ট' কৰা কাম নাহিব। মুখস্ট কৰা অৰ্থ হ'ল নতুন মেটেৰিয়েলক ভয় কৰি নিজৰ সজ্ঞানত ভৰোৱা প্ৰতিক্ৰিয়া। শেষৰ সময়ত আকৌ পঢ়া প্ৰতিক্ৰিয়া বহুত বাচি-বাচি কৰিব।

(v) শান্তৰে বঢ়িব আৰু আনে কি কৰিছে সেইটোলৈ অপেক্ষা কৰিব। সম্ভাৱনাত তেওঁ তোমাৰ সমানেই চিন্তাত আছে কিন্তু তেওঁ সেইটো দেখোৱা নাই।

(vi) প্ৰশ্নত দিয়া নিৰ্দেশক ভালদৰে পঢ়িব লাগে। কোনো সৰু ভুল যেনে নিজৰ ৰুল নম্বৰ সঠিক ঠাইত নিলিখা, এটা ডাঙৰ সমস্যা কৰিব পাৰে।

(vii) প্ৰত্যকটো প্ৰশ্ন উত্তৰ লিখা আগত সেই প্ৰশ্নক দুবাৰ পঢ়িব লাগে।

(viii) প্ৰথমে সম্পূৰ্ণ পৰীক্ষা দৃষ্টিৰে নিজৰ উপলব্ধি সময়ৰ টাইম টেবুল প্ৰস্তুত কৰিব বা তাক ভালদৰে প্ৰয়োগ কৰিব।

(ix) যদি সময় কম হয় তেন্তে আকৌ পঢ়া সময়ত বিচাৰৰ পইন্টচ উলিয়াই লিখি ল'ব।

লাহে-লাহে কিন্তু ভালদৰে অধ্যয়ন, সচা জীৱনত নকলী পৰীক্ষা, সদৃশ স্থিতিত একেলেঠাৰিয়ে পৰীক্ষা সম্বন্ধ ভয় বা চিন্তাৰ প্ৰতি প্ৰতিৰুধ উৎপন্ন কৰা।

(4) সোনকালে-সোনকালে উশাহ ল'ব আৰু চিন্তাক নিয়ন্ত্ৰণত ৰাখিব। উঠলি উশাহ এক প্ৰকাৰ পেনিক বা ভয়ৰ চিন হয়। এইটোৱে ভয়ক আৰু বঢ়াই দিয়ে কাৰণ মগজুত অস্কীজেনৰ কম হৈ যায়।

ইয়াৰ উপায় হ'ল ভালদৰে উশাহ লোৱা, লাহে-লাহে অৰ্থাৎ *16* বাৰলৈকে লৈকে ভালদৰে উশাহ ল'ব লাগে, তাক *16* বাৰলৈকে ৰখাই থব লাগে আৰু আকৌ *8* লৈকে উশাহ লাহে-লাহে এৰিব লাগে। *15-20* বাৰ এনেকুৱা কৰিলে পেনিক কম হ'ব আৰু আপুনি ভাল অনুভৱ কৰিব ধৰিব।

(5) জীৱনত স্থিতিৰ অনুকৰণ কৰাঃ- এইটো এক প্ৰকাৰৰ 'একসপজৰ থেৰেপী' হয় যিটোৱে পৰীক্ষা দিনৰ ভয়ৰ বিষয়ে ছাত্ৰক অলপ অসংবেদনশীল কৰিবৰ কাৰণে চেষ্টা কৰে। ইয়াত এইটো ব্যৱস্থা কৰা হয় যে পৰীক্ষা দিয়া আগতে আপুনি এবাৰ ৰিহাচল দিব লাগে, অৰ্থাৎ আপুনি সচা পৰীক্ষা দিয়া আগতে এবাৰ সচা পৰীক্ষা নিজৰ ৰুমতে দিব লাগে। যেনে পৰীক্ষা ঠাইত যোৱা, নিজৰ ৰুম আৰু ঠাই বিচৰা আৰু প্ৰশ্ন মতে উত্তৰ লিখা।

(*6*) মনোবৈজ্ঞানিক উপচাৰ (চাইকথেৰেপী)ঃ- যদি ব্যৱহাৰত বহুত বেছি ভয় বা চিন্তা হয় তেন্তে মনোবৈজ্ঞানিক দৰৱৰ দ্বাৰা চিকিৎসাক কৰাটো প্ৰয়োজন হয়। ইয়াত সেই ছাত্ৰক ভয় স্থিতিত বেলেগ ধৰণে চোৱা আৰু নিজৰ চিন্তাক কম কৰা শিকাই। এইটো ঠিক কৰিবলৈ ভাল ব্যায়াম কৰিব লাগে। *6-8* সপ্তাহত বিশিষ্ট ৰূপত দৃষ্টিকৰণ হ'বলৈ ধৰে।

❑

পৰিণামক স্বীকাৰ কৰা

ইয়াক পৰীক্ষাৰ পিছত পঢ়ক

এতিয়ালৈকে আমি অধিক নম্বৰ পাবলৈ বহুত কষ্ট কৰিলো। পৰীক্ষাত সফলতাক ধ্যান ৰাখি বহুত মহত্ব ৰাখে। তাত সন্দেহ কাৰণে কোনো ঠাই থাকিব নালাগে। আপোনাক যুদ্ধত এইবুলি ভাৱি যাব লাগে যে আপুনি পৰীক্ষাত সফল হ'ব কাৰণ অবচেতনত লুকাই থকা সৰু সন্দেহ এটাও অসফলতাৰ কাৰণে বাধা হ'ব পাৰে।

পৰীক্ষা দিয়াৰ পিছত, পৰিণামৰ অপেক্ষা কৰাৰ সময়ত, নিজৰ বিচাৰধাৰাক দৰ্শনিকতাৰ ফালে আনিব লাগিব। আপুনি ভগৱান কৃষ্ণৰ এই কথাখিনি ধ্যান ৰাখিব লাগিব- "আপোনাৰ কেৱল কৰ্মত অধিকাৰ আছে, ফলত অধিকাৰ নাই।" আপুনি সম্পূৰ্ণ চেষ্টা কৰিলে, আৰু বাকীখিনি ভগৱানৰ ওপৰত এৰি দিয়ক। ভগৱানে যি দিয়ে তাকে প্ৰসাদ বুলি লৈ ল'ব লাগে।

যদি আপুনি বহুত কষ্ট কৰিলে আৰু এই কিতাপত দিয়া নিয়মক পালন কৰিছে তেন্তে মোৰ সম্পূৰ্ণ আশা আছে যে আপুনি সফলতা পাব। যদি মনে বিচৰা সফলতা নাপায় তেন্তে চিন্তা নকৰিব। বোধহয় আপোনাৰ সফলতা কাৰণে আৰু চেষ্টাৰ প্ৰয়োজন হয়। এখন যুদ্ধই অন্তিম যুদ্ধ নহয়। সেই কাৰণে সদায় প্ৰস্তুত থাকিব। জীৱনৰ যুদ্ধ জয় হ'বলৈ এইটোৱে একমাত্ৰ উপায় হয়।

❑